Nicolai Hartmann

Zum Problem der Realitätsgegebenheit

Nicolai Hartmann

ZUM PROBLEM DER REALITÄTSGEGEBENHEIT

Herausgegeben von Thomas Rolf

»INTENTIO RECTA«
BAND 5

Bibliografische Information der Deutschen Nationalbibliothek:
Die Deutsche Nationalbibliothek verzeichnet diese Publikation in der Deutschen Nationalbibliografie; detaillierte bibliografische Daten sind im Internet über http://dnb.dnb.de abrufbar.

Verlag: BoD · Books on Demand GmbH, Überseering 33, 22297 Hamburg, bod@bod.de
Druck: Libri Plureos GmbH, Friedensallee 273, 22763 Hamburg

ISBN: 978-3-8192-0903-1

INHALT

ANHANG:
Nicolai Hartmann – Leben und Werk (Zeittafel)

Vorbemerkung des Herausgebers

Die Schrift »Zum Problem der Realitätsgegebenheit« basiert auf einem Vortrag, den Nicolai Hartmann am 28. Mai 1931 auf einer Tagung der Kant-Gesellschaft in Halle a.d. Saale gehalten hat. Zusammen mit 23 Diskussionsbeiträgen erschien der Vortrag im Band 32 der Reihe »Philosophische Vorträge« der Kant-Gesellschaft. Die Herausgeber des Bandes waren Paul Menzer und Arthur Liebert.

Im Vortrag befreit Hartmann das Realitätsphänomen aus der Enge des Erkenntnisproblems. Es wird in emotionalen und praktischen Lebensvollzügen verankert, die dem gegenständlichen Erkennen vorausgehen, mit diesem aber die Bewusstseinstranszendenz, also die Richtung auf das Seiende als Seiendes, teilen. Hartmann hat dieses Thema im dritten Teil seines Buches »Zur Grundlegung der Ontologie« (1935) unter der Titel »Die Gegebenheit des realen Seins« in ausführlicher Weise aufgenommen.

In der vorliegenden Neuedition wurde die Orthographie gegenüber der Ausgabe von 1931 behutsam modernisiert. Anmerkungen in eckigen Klammern im Haupttext sowie in den Fußnoten stammen von mir. Die biographischen Daten zu den Diskutanten habe ich aus folgender Quelle übernommen: Nicolai Hartmann. Studien zur Neuen Ontologie und Anthropologie, hg. von G. Hartung und M. Wunsch, Berlin / Boston 2014, 177-264.

Mai 2025
Thomas Rolf

Nicolai Hartmann
Zum Problem der Realitätsgegebenheit[1]

[Vorwort]

Hiermit übergeben wir die Verhandlungen der Generalversammlung (Allgemeine Mitgliederversammlung)
der Kant-Gesellschaft, die in der Pfingstwoche des Jah-
res 1931 vom 28. bis 29. Mai tagte, der Öffentlichkeit.
Zunächst machen wir dadurch den Vortrag Nicolai Hartmanns »Zum Problem der Realitätsgegebenheit« unseren Mitgliedern und Lesern zugänglich. Wir veröffentli-
chen ferner im Anschluß an diesen Vortrag die Diskussion mit 23 Beiträgen, wie sie sich bei der Tagung selbst
dem Referat angeschlossen hat. Auf diesen zweiten Teil
und auf die enge Zusammengehörigkeit beider Teile der
vorliegenden Veröffentlichung möchten wir mit eini-
gen Worten hinweisen.

Die schriftliche Fixierung der Diskussionsbeiträge
stammt (mit Ausnahme der Beiträge von Sauer und Yamaguchi) von den Rednern selbst. So ist das Gesproche-
nemöglichst getreu,wenn nicht überall demWortlaut,
so doch dem Sinne nach, festgehalten. Natürlich konnte
das ganze Leben der wirklichen Aussprache auf diesen
Seiten nicht aufgefangen werden. Hinzu kommt, daß
wir die Redner bitten mußten, den Wortlaut ihrer Bei-

---

[1]Vortrag, gehalten am 28. Mai 1931 auf der Generalversammlung
der Kant-Gesellschaft zu Halle.

träge bei der schriftlichen Niederlegung zu kürzen. Außerdem wurden die beiden Erwiderungen des Hauptredners am Ende des ersten Verhandlungstages (nach der Diskussionsbemerkung von Sauer) und am Schluß der Tagung durch ein zusammenfassendes Schlußwort ersetzt.

Trotz diesen Einschränkungen glauben wir, daß das Dargebotene dem Leser mehr bedeuten wird, als eine Sammlung kritischer Bemerkungen, die jeweils den philosophischen Standpunkt des Diskussionsredners gegenüber den Darlegungen des Vortrags zum Ausdruck bringen, und die man allenfalls auch mittels einer Umfrage hätte zusammentragen können. Wir hoffen, daß der Buchstabe, der das Einzelne festhält, auch etwas von dem Geist des Ganzen übermittelt, und daß sich noch in der literarischen Form des Buches bewahrt, was unsere Tagung werden sollte und wirklich geworden ist: *ein philosophisches Gespräch*. Dieses Gespräch hat »Die Wendung der Philosophie der Gegenwart zur Ontologie und zum Realismus« zum Inhalt.

Es ist nicht der Sinn unserer Veröffentlichung, diese »Wendung« als ein äußeres Geschehen festzustellen und zu beschreiben. Sie will den Vollzug der Wendung selbst in ihrer Gegenwärtigkeit vor Augen stellen. Damit verzichtet sie auf die Eindeutigkeit, die der Historiker einer abgeschlossenen geistigen Bewegung zu finden bemüht wäre. Es fehlt nicht an der strengen Einheit, die den Vortrag und die Diskussionsreden zu einem Ganzen verbindet. Aber die Zusammenstimmung dieses Ganzen ist herakliteischer Art: παλίντονοσ ἁρμονία [Harmonie in bzw. trotz Gegensätzlichkeit].

Berlin, Sommer 1931
Die Herausgeber
[Paul Menzer und Arthur Liebert]

[1. VORTRAG]

I

»Die Wendung der Philosophie der Gegenwart zur Ontologie und zum Realismus«, die uns als Thema auf dieser Tagung beschäftigt, ist eine Bewegung, die heute von vielerlei Ausgangspunkten herkommend auf vielerlei Gleisen im Gange ist. Man hat es über ihren Fortschritten schon fast vergessen, daß sie an einer Voraussetzung hängt, die man bewußt oder unbewußt gemacht hat, die aber weder philosophisch selbstverständlich noch allerseits zugestanden ist. Diese Voraussetzung betrifft die Gegebenheit des Realen. Alles ontologische Vorgehen hängt an seiner Gegebenheitsbasis. Wie aber steht es mit dieser Basis? Ist nicht gerade sie von altersher bezweifelt worden? Seit den Anfängen der antiken Skepsis bis zu den Ausläufern des Idealismus in unseren Tagen will die Verneinung nicht verstummen. Und sie betrifft das Fundament aller ontologischen Überlegung.

Praktisch zweifelt zwar niemand an der Realität der Welt, in der er lebt. Aber damit ist der theoretischen Verneinung der Boden nicht entzogen. Und solange es noch Skepsis, Subjektivismus, Idealismus, Relativismus – ja selbst Pragmatismus – gibt, kann die Diskussion über diesen Ausgangspunkt nicht als geschlossen gelten. Darum ist heute noch, wie vor Zeiten, die Frage nach der Gegebenheit des Realen die Schwelle, über welche alle Wege führen, die einer Wendung der Philosophie zu Ontologie und Realismus dienen wollen.

Handelte es sich hierbei ausschließlich um Realität der Dinge, so wäre das Gewicht der Frage nur ein einseitiges. Davon aber kann keine Rede sein. Die Dinge sind nicht allein Gegenstände der Wahrnehmung und Erkenntnis, sie sind auch Gegenstände menschlichen Begehrens, Handelns, Leidens; sie erscheinen einbezogen in alle Lebenssituationen, um sie geht Kampf und Streit, an ihnen haftet Anspruch und Anrecht. Sie stehen mitten drin in der allgemeinen Sphäre des Wirklichen, in der die Lebensschicksale, die menschlichen Verhältnisse und Konflikte, das geschichtliche Geschehen sich abspielen. Handelt es sich also um Realität der Dinge, so handelt es sich damit auch um Realität ebendieser menschlichen Verhältnisse, Konflikte, Schicksale, ja um Realität des geschichtlichen Geschehens. Und darin wurzelt das Gewicht der Frage: sie betrifft zugleich und in gleicher Schwere das dingliche und das menschliche Sein, die Wirklichkeit der materiellen und die der geistigen Welt.

Der Realitätsbegriff, der hier zugrunde gelegt wird, ist also von vornherein ein erweiterter – gegenüber allen bloß dinglich orientierten Fassungen. Er ist aber zugleich auch der natürliche Realitätsbegriff, der die »reale Welt« gar nicht anders kennt als in ihrer Einheitlichkeit, d.h. als diejenige, die das Heterogene stets verbunden und verflochten enthält: lebendige und leblose Mächte, geistige und dingliche Geschehnisse. Es ist hiernach dieselbe Seinsweise, welche Materie und Geist umfaßt, kenntlich an der gleichen Zeitlichkeit und Individualität. Auch geistiges Sein entsteht und vergeht in der Zeit, ist einmalig und im strengen Sinne unwiederbringlich, wenn es einmal vergangen ist. Nur die Räumlichkeit scheidet das Dingliche von ihm. Aber das eben ist ein Vorurteil, nur räumlich Ausgedehntes und der räumlichen Wahrnehmung Zugängliches für real zu halten.

Der Gesamtaspekt dieses Realitätsbegriffs hängt ganz und gar an der Einheit der Realzeit. Dem stehen heute gewisse Theorien entgegen, die von einer Pluralität der Zeiten sprechen. Sie gehen vom Unterschied des geschichtlichen und des Naturgeschehens aus und schreiben diesen Unterschied der Zeit zu. Damit heben sie nicht nur die Einheit der wirklichen Welt auf – in der wir leben und sterben –, sondern auch das Grundphänomen der Gleichzeitigkeit, das sich ohne Unterschied auf natürliches und geschichtliches, dingliches und seelisches Geschehen erstreckt. Und gerade die Geschichtswissenschaft macht den ausgiebigsten Gebrauch von dieser Gleichzeitigkeit; sie ist es, die ihre Zeiteinteilung und Zeitrechnung vom Naturgeschehen (Tagen, Jahren, Jahrhunderten) hernimmt. Sie setzt also in aller Ausdrücklichkeit die durchgehende Parallelität alles Geschehens, des physischen sowie des menschlich-geschichtlichen, in einer Zeit voraus. Es ist eine falsche Kategorialanalyse der Zeit, die dieses Einheitsphänomen ignoriert.

Wie es »eine« Zeitlichkeit ist, welche Natur und Geschichte umfaßt, so ist es auch »eine« Realität, die Natur und Geist umfaßt. Und um die Einheit dieser Realität geht es im Problem der Realitätsgegebenheit. Der Ausgang aller ontologischen Überlegung steht und fällt mit der Tragkraft derjenigen Gegebenheiten, die uns das Wissen um Realität vermitteln.

Dazu kommt ein Zweites. Nicht nur die ontologische, sondern auch die erkenntnistheoretische Überlegung wurzelt in dieser Gegebenheitsbasis. Wenn das, was wir für die reale Welt halten, nicht real ist (nicht an sich besteht), so ist auch das, was wir Erkenntnis nennen, nicht Erkenntnis. Dann ist es von bloßem Denken, Vorstellen, ja von Phantasie und Traum nicht zu unterscheiden. Nicht umsonst hat die Skepsis von alters her das Traumargument gegen Erkenntnis und Wissenschaft in die Waagschale geworfen.

Dieser enge Zusammenhang von Erkenntnis und Sein besteht freilich nur, wenn man unter »Erkenntnis« das Erfassen von etwas versteht, das unabhängig vom Erkennen so ist, wie es ist. Dem steht die Auffassung der logisch-idealistischen Theorien gegenüber, welche Erkenntnis gleich »Urteil« setzt und sie als eine bloße

»Sinneinheit« versteht. Dabei bleibt es gleichgültig, ob etwas Seiendes der Sinneinheit entspricht oder nicht. Ähnlich ist es, wenn man das bloße Setzen oder Auffassen von »etwas als etwas« für Erkenntnis ausgibt, wie das inkonsequenterweise bei den Vertretern der Phänomenologie üblich geworden ist. Man vergißt damit die Hauptsache, die Beziehung auf das Seiende, dem die Erkenntnis gilt; ja man hat schon in der Problemstellung das Erkenntnisphänomen verfehlt. So ergibt sich die paradoxe Sachlage, daß gerade diejenigen Theorien, die am meisten von Erkenntnis sprechen, das eigentliche Erkenntnisproblem gar nicht kennen.

Die unbefangene Analyse des Erkenntnisphänomens führt auf etwas ganz anderes. Nicht um das Verhältnis von Subjekt und Prädikat handelt es sich, auch nicht um das von Bewußtsein und intentionalem Gegenstand; beide stehen noch diesseits von wahr und unwahr, das letztere ist überdies allen Bewußtseinsakten gemeinsam, von ihm aus gesehen, unterscheidet sich Erkenntnis weder von Irrtum noch von Phantasie und Traum. Dieser Unterschied aber betrifft gerade das Wesen der Erkenntnis. Erkennen kann man nicht Beliebiges, wie man sich Beliebiges denken oder vorstellen kann. Erkennen kann man nur, was »ist«; und das heißt: was auch unabhängig vom Erkennen besteht, also was »an sich« ist. Das ganze Verhältnis »Subjekt – Objekt« ist gegen das logische – ja selbst gegen das intentionale – in eine andere Dimension gerückt. Es ist ein transzendentes Verhältnis, nämlich ein das Bewußtsein transzendierendes: eine Relation, welche das Bewußtsein mit etwas

15

von ihm Unabhängigem verbindet. In diesem Verhältnis allein gibt es das für Erkenntnis jeder Art charakteristische Treffen und Verfehlen des Gegenstandes, das wir Wahrheit und Irrtum nennen.[2] Erst mit dieser Einsicht beginnt das eigentliche Erkenntnisproblem. Es ist kein logisches Problem, auch kein Bewußtseinsproblem. Erkenntnis ist ein transzendenter Akt, d. i. ein solcher, der nicht innerhalb des Bewußtseins allein spielt, sondern das Bewußtsein »überschreitet« und es mit etwas verbindet, das unabhängig von ihm besteht. Dieses Überschreiten entspricht dem strengen Wortsinn von »transcendere«: nicht eigentlich der Gegenstand ist transzendent, sondern der Akt; der Gegenstand vielmehr steht schon von vornherein in Jenseitsstellung zum erkennenden Bewußtsein, nicht er braucht es zu überschreiten. Wohl aber muß der Akt es überschreiten, sofern er gegenstandserfassender Akt sein soll.

Hier ist der Unterschied gegen bloßes Denken, Vorstellen, Phantasieren greifbar. Er liegt in der Akttranszendenz, in der Bindung an ein reales Gegenglied. Die Konsequenz zeigt sich sogleich am Gegenstandsbegriff. Der Denk- und Vorstellungsgegenstand geht in seinem Gegenstandsein auf, er ist als das Gegenstehende und gleichsam der Gegenhalt des Aktes definierbar. Deswegen genügt für ihn die intentionale Gegenständlichkeit. Für den Erkenntnisgegenstand genügt sie nicht. Ist Erkenntnis ein transzendenter Akt, ist sie echtes Erfassen

---

[2] Der genauere Erweis dieser Sachlage kann hier nicht geführt werden. Es sei daher auf die einschlägigen Untersuchungen in meiner »Metaphysik der Erkenntnis« hingewiesen (2. Aufl. Berlin 1925).

von etwas, was auch vor aller Erkenntnis und unabhängig von ihr an sich besteht (eines Realen also), so ist notwendig ihr Gegenstand durch ebendiese seine Unabhängigkeit von ihr charakterisiert. Das aber heißt: er hat ein übergegenständliches Sein. Es ist in unserer Zeit unter dem Druck der idealistischen Theorien üblich geworden, Sein gleich Gegenstand zu setzen. Das zieht die Folgerung nach sich, daß es ein anderes Sein als das Gegenstandsein gar nicht gebe. Und diese Folgerung wird unbemerkt und unbesehen in alle weiteren Überlegungen hineingenommen. Das ist der Grundfehler. Für ein Seiendes ist es vielmehr offenbar ganz gleichgültig, ob und wie weit es zum Gegenstande der Erkenntnis wird. Es besteht so, wie es ist, an sich; und wenn es der fortschreitenden Erkenntnis gelingt, es ganz oder teilweise zu ihrem Objekt zu machen – es sich zu »objizieren« –, so ändert das nichts an ihm. Kurz gesagt: das Seiende ist gleichgültig gegen die Objektion, gleichgültig also dagegen, ob und wie weit es zum Gegenstand der Erkenntnis gemacht wird. Das und nichts anderes bedeutet die Übergegenständlichkeit des Erkenntnisgegenstandes – oder richtiger gesagt, desjenigen Seienden, das zum Gegenstand der Erkenntnis gemacht werden kann. Auch wo es zum Gegenstand gemacht wird, bleibt ebendieses Gegenstandsein ihm als einem Seienden durchaus äußerlich. Es geht auch dann in seinem Gegenstandsein nicht auf. Wesentlich ist der Unterschied nur für die Erkenntnis. Sie ist es, die sich erweitert mit jeder neuen Objektion von Seiendem. Die Erweiterung ist ihr Fortschreiten, das neue Erfassen von bisher Unerfaßtem.

So wenigstens sieht das Erkenntnisverhältnis aus, wie es sich selbst versteht, vor aller Interpretation durch metaphysische Theorien. Stets ist in ihm von Hause aus der Gegenstand als ein von ihm unabhängiger gemeint; niemals ist es naiverweise – sei es im Alltag, sei es in der Wissenschaft – von der Einbildung begleitet, seinen Gegenstand erst zu schaffen oder auch nur zu bestimmen. Die Erkenntnis weiß stets darum, daß sie nur vorhandene und immer schon bestehende Bestimmtheiten aufnehmen, erfassen, verstehen lernen kann. Das aber bedeutet: sie meint ihren Gegenstand jederzeit als ansichseienden. Und nicht darauf kommt es hierbei an, ob der Gegenstand ein innerer oder äußerer, ein geistiger oder dinglicher ist, sondern lediglich auf sein vom Erkenntnisakt unabhängiges Bestehen.

II

So erhebt die Erkenntnistheorie denselben Anspruch wie die Ontologie. Ja, sie steht, soweit sie ihr eigenes Grundproblem wirklich erfaßt, von Hause aus auf dem Boden ebenderselben Ontologie, zu der sich in der Philosophie der Gegenwart die Rückwendung vollzieht. Die Frage ist nur: kann die Erkenntnistheorie diesen ihren Anspruch aus ihrem Phänomenbereich heraus rechtfertigen?

Die erkenntnistheoretischen Realisten haben das von jeher bejaht. Sie suchten den Erweis der Realität der Welt aus dem Erkenntnisverhältnis selbst zu erbringen.

Daß ihnen das nicht restlos gelungen ist, beweist die Tatsache, daß immer wieder skeptische und idealistische Theorien dagegen aufgestanden sind. In unentwegter Abwandlung stößt man hier auf die alten Argumente der Realist bewege sich im Zirkel, er setze ebendas voraus, was er erweisen wolle. Gegeben seien uns unter allen Umständen doch nur unsere Vorstellungen; aus ihrem geschlossenen Kreis können wir bei aller Erweiterung niemals heraus. Wie also dürften wir von einem Ansichsein reden, das unabhängig von der Vorstellung bestünde?

In prinzipiellerer Form läßt sich das so aussprechen: Alle Gegebenheit hat die Form der »Erscheinung«, unmittelbar gegeben sind nur Phänomene. Einem Phänomen aber ist es grundsätzlich nicht anzusehen, ob es Scheinphänomen oder Realphänomen ist, – ob also es etwas gibt, das in ihm zur »Erscheinung« kommt, oder ob es leerer »Schein« ist. Könnte man einem Phänomen das ansehen, so gäbe es keinen Streit um Wirklichkeit und Unwirklichkeit. Aber es gibt diesen Streit allenthalben. Man muß also wohl annehmen, daß der erkenntnistheoretische Realist gleich beim ersten Schritt mehr behauptet, als das Phänomen hergibt, auf dem er fußt; und zwar nicht, weil das Erkenntnisphänomen nicht die Voraussetzung der Realität (der Gegenstände) enthielte, sondern gerade weil es sie enthält. Es setzt ebendieselbe Realität der Welt schon voraus, die man aus ihm erweisen will. Ein Phänomen kann immer nur »Erscheinung« der Realität verbürgen, nicht die Realität selbst.

Die Position der Skepsis, die so argumentiert, ist indessen selber recht schwach. Sie setzt sich auf der ganzen Linie in Gegensatz zur natürlichen Weltansicht, zur durchgehenden praktischen Überzeugtheit von der Realität der Welt; damit fällt ihr die Beweislast zu. Eine Widerlegung des »Beweises« der Gegenthese ist noch kein Beweis der eigenen These; der Realist konnte ja falsch argumentieren für eine vollkommen wahre Sache. Die Sache ist also mit dem Argument nicht entkräftet. Folglich, die Skepsis muß ihre eigene These vielmehr erweisen.

Will sie aber im Ernst erweisen, daß die Welt, in der wir leben, nicht real ist, so muß sie zeigen, wie der uns alle lebenslänglich gefangen haltende »Schein« der Realität entsteht. Denn den Schein kann sie nicht in Abrede stellen. Die Skepsis ist dem immer ausgewichen. Wohl aber hat der Idealismus die Aufgabe in Angriff genommen, die Entstehung des Scheines zu erklären. Fichte und Schelling nahmen hierzu eine »unbewußte Produktion« im Ich an, deren Produkt allein ins Bewußtsein fällt. Die Reihe der Voraussetzungen freilich für eine solche ist unabsehbar und von metaphysisch bedenklicher Art.

Der Verfechter von Realitätsgegebenheit kann sich nun bei dieser Schwäche der skeptisch-idealistischen Position beruhigen, ihr die Beweislast überlassen und im übrigen unbekümmert seinen Weg gehen. Faktisch ist es so ja auch zumeist geschehen. Nur verzichtet man damit auf Auseinandersetzung und Verständigung, läßt den Streit um die Ausgangsbasis unausgetragen liegen;

ja man läßt den Gegner im Glauben, daß ihm Unrecht geschehe, daß er die Beweislast gar nicht trage. Denn eben darum geht der Streit, wer sie trägt. Außerdem ist die Sachlage ja nicht so, daß die Ausgangsstellung des Realisten ihm selbst ganz durchsichtig wäre. Es gibt hier sehr wohl etwas, wovon er erst in ausdrücklicher Analyse Rechenschaft ablegen sollte – nicht weil er seine Position überschätzte, sondern vielmehr – wie sich noch zeigen wird –, weil er sie unterschätzt. Die Realitätsgegebenheit, auf der er fußt, ist weit stärker, als er selbst durchschaut; sie ist tiefer verwurzelt, als der Erkenntnistheoretiker von seinem bloß theoretischen Phänomenbereich aus sie anzusetzen gewohnt ist. Will man aber dem Skeptiker die Beweislast zuschieben, so muß man auch den Phänomenkomplex aufweisen, zu dem er sich in Widerspruch setzt. Erst dann ist das Zuschieben berechtigt und überzeugend. Dafür aber genügt das Erkenntnisphänomen allein nicht.

Die Transzendenz des Erkenntnisaktes nämlich ist zwar aus seinem eigenen Phänomen sehr wohl zu »erkennen«, aber nicht unbedingt zu »erweisen«: wohl zu erkennen, sofern man unbefangen an das Phänomen herangeht; nicht zu erweisen, sofern man einer Voreinstellung begegnet, die das Phänomen von vornherein subjektivistisch verkürzt sieht. Die Verkürzung eben verhindert die Vollständigkeit der Analyse.

Die Realitätsgegebenheit im Erkenntnisbereich ist eine breite, aber einseitige. Der apriorische Einschlag der Erkenntnis kommt für sie nicht in Frage; er, für sich genommen, gibt nur das Allgemeine, nicht den Einzelfall, dem es gelten mag. Realität aber ist nur das Sein des Einzelfalles. Nur die aposteriorischen Elemente der Erkenntnis sind es, welche den Einzelfall zur Gegebenheit bringen. Diese wiederum unterliegen von jeher dem Mißtrauen der Skepsis. Ging doch schon der primitive Subjektivismus in den Anfängen der Erkenntnistheorie von der Täuschbarkeit der Wahrnehmung aus.

Weit stärkere Argumente für die Realität des Erkenntnisgegenstandes liegen an den Grenzen der Erkenntnis. Denn es ist die Eigentümlichkeit des erkennenden Bewußtseins, um diese Grenzen wissen zu können, ja sich seiner selbst gerade dort, wo es sein Ende findet, bewußt zu werden. Daß es ein Fragen nach dem gibt, was man nicht weiß, wobei nichtsdestoweniger dieses Nicht-Gewußte von anderem Nicht-Gewußtem sehr deutlich unterschieden wird, daß also es ein Problembewußtsein gibt, in dem der Gegenstand der Frage zum voraus in gewisser Bestimmtheit erfaßt ist, das zeugt von einem Zusammenhang des Erkannten mit dem Unerkannten, der offenbar im Sein der Sache selbst liegt. Hier zeigt sich das Sein des Gegenstandes in seinem Bestehen vor dem Erkanntsein, also in greifbarer Unabhängigkeit von ihm. Das Problembewußtsein weiß um ihn als um ein Transobjektives. Und das Gewicht dieser Transobjektivität steigert sich noch, wenn man das Phänomen des Erkenntnisprogresses hinzunimmt, in welchem das Problem zur Lösung fortschreitet. Wie sollte an einem Gegenstande die Erkenntnis »fortschreiten« können, wenn ebendas, worauf der Fortschritt hinausführt, nicht vorhanden wäre? Eindringen in eine

Sache kann es nur geben, wo es die Sache gibt, in die eingedrungen wird.

Dennoch ist auch in diesen Phänomenbereichen die Sachlage nicht so, daß sie keiner idealistischen Deutung zugänglich wäre. Der Neukantianismus hat es zuwege gebracht, den Erkenntnisprogreß selbst als einen bloß logischen Prozeß aufzufassen, in welchem der »Gegenstand« erst nach und nach »entsteht«. Blickt man einseitig bloß auf den »Begriff« der Sache hin, die erkannt werden soll, so zeigt dieser im Fortschreiten freilich ein Anwachsen. Jede neue Einsicht fügt ihm ein Merkmal ein; und so ist er in der Tat etwas, was im Fortschreiten der Erkenntnis erst entsteht. Das Problembewußtsein läßt sich dann einfach als der Zusammenhang mit den jeweilig noch fehlenden Bestimmungen des Begriffs verstehen. Freilich ist hierbei der Begriff der Sache mit der Sache selbst verwechselt, die zu erkennen steht. Man sagt, der Gegenstand entstehe, meint aber nur, daß der Begriff des Gegenstandes entstehe. Zwischen dem Begriff einer Sache aber und der Sache selbst vermag ein logischer Idealismus keinen Unterschied zu sehen.

Der Fehler ist: man hat aus dem Erkenntnisverhältnis die Transzendenz gestrichen; man versteht es nicht mehr als Erfassen von etwas, sondern nur als »Urteil« oder »Sinneinheit«. Man hat das Verhältnis zum Seienden (dem eigentlichen Gegenstande) ausgeschaltet und damit das Erkenntnisproblem von Grund aus verkannt. Dieser Fehler ist leicht nachweisbar, wenn man einmal das eigentliche Kernphänomen der Erkenntnis erfaßt hat. Dazu aber bedarf es des Einblickes in ebendasselbe

Transzendenzverhältnis, in welchem die Realitätsgegebenheit wurzelt. Und dieser Einblick ist von der Basis des logischen Begriffsverhältnisses aus nicht zu gewinnen.

Wie also weist man dem Idealisten nach, daß schon im Erkenntnisakt die Beziehung auf ein Reales vorliegt? Dafür genügt es offenbar nicht, das Erkenntnisphänomen in seiner fast schon traditionell gewordenen Isolierung zu analysieren. Man muß es vielmehr im vollen Zusammenhang der Lebensphänomene sehen. Jene Isolierung ist ein Produkt der übertriebenen Erwartungen, die man seit Kant mit der Erkenntnis-«Kritik» verbunden hat; sie ging bereits von der stillschweigenden Voraussetzung aus, daß die primären Gegebenheiten alle im Felde der Erkenntnis lägen. Gerade das hat sich als irrig erwiesen. In Wahrheit gibt es ein isoliertes Erkenntnisverhältnis kaum jemals; und wenn schon, so immer nur auf Grund nachträglichen Absehens von aller übrigen Beziehung zum Gegenstande. Das ganze »Subjekt-Objekt«-Verhältnis ist ein ontisch sekundäres. Es ist immer schon eingebettet in eine Fülle anderer, primärer Verhältnisse zum selben Gegenstande (zu Dingen, Personen, Geschehnissen, Lebenslagen). Denn eben die »Gegenstände« sind in erster Linie nicht etwas, was wir erkennen, sondern etwas, was uns praktisch »angeht«, mit dem wir uns im Leben »stellen« und »auseinandersetzen« müssen, womit wir »fertig werden« müssen, was wir benutzen, überwinden oder ertragen müssen. Das Erkennen hinkt gemeinhin erst weit hinterher. So können z.B. Personen freilich auch Erkenntnisgegenstände werden; dazu aber ist immer schon eine gewisse Distanz, Objektivität, ein unbeteiligtes Gegenüberstehen und Eindringen erforderlich. Das gerade ist im Leben ein relativ seltener Fall, eine Einstellung, die jedenfalls erst im Absehen von der jeweiligen Aktualität gewonnen werden kann. Zunächst aber sind Personen, so wie sie uns im Leben begegnen, weit entfernt, unsere Erkenntnisgegenstände zu sein; sie begegnen uns vielmehr als Mächte, als Faktoren der Lebenslagen, in die wir geraten und in denen wir uns durchfinden müssen; als Mächte also treten sie uns gegenüber, mit denen wir rechnen, auskommen, paktieren oder kämpfen müssen. Und wenn man sie schon Gegenstände nennen will, so sind sie jedenfalls zunächst Gegenstände der Stellungnahme, der Sympathie oder Antipathie, des Liebens und Hassens.

So ist es mit allem, was der Sphäre des Menschenlebens angehört, mit Lebenslagen, Geschehnissen, mit Sach- und Dingverhältnissen aller Art. Sie sind einbezogen in einen Lebenszusammenhang, in dem sie uns irgendwie angehen oder betreffen. Es stellt alles Anforderungen an uns – sei es äußerlich an unser Tun, oder innerlich an unser Bewerten und Stellungnehmen. Und die Anforderungen wollen bewältigt sein.

III

In diesem Verhältnis eröffnet sich nun eine andere, primäre, sehr drastische Realitätsgegebenheit, die noch weit diesseits des Erkenntnisverhältnisses steht und eine ganz andere Unabweisbarkeit zeigt als das Zeugnis der Wahrnehmung und des Erkenntnisprogresses. Mit ihr aber rücken andere Akte ins Zentrum des Interesses: Akte, mit denen wir als Beteiligte im Leben stehen, in denen also alles dasjenige uns gegeben ist, was uns betrifft und angeht, womit wir uns stellen, auseinandersetzen und irgendwie fertig werden müssen. Diese Akte teilen mit dem Erkenntnisakt die Transzendenz, unterscheiden sich aber von ihm durch ihren emotionalen Charakter. Transzendent sind sie, insofern sie erst recht am ontisch selbständigen Gegengliede hängen; emotional sind sie, insofern der Gefühlston in ihnen wesentlicher und eigentlicher Träger des Realitätszeugnisses ist.

Natürlich gehören nicht alle emotionalen Akte hierher. Nicht jeder Gefühlston ist Anzeiger von Realität. Gerade die reinen Gefühlsakte, diejenigen mit vorwiegendem Stimmungscharakter, sind keineswegs transzendent. Es gibt aber einige Aktgruppen, in deren Gefühlston sich unmittelbar das Gewicht von Realverhältnissen ausdrückt. Mit diesen allein haben wir es hier zu tun.

Die erste Gruppe dieser Art bilden die Akte des Erfahrens, Erlebens und Erleidens sowie die verwandten des Ertragens und Erliegens. Sie haben dieses Gemeinsame, daß in ihnen dem Subjekt etwas »widerfährt«. Es sind ausgesprochen rezeptive Akte – mit Ausnahme vielleicht des Ertragens, in dem schon die Note des Widerstandes eine Rolle spielt. Aber diese Rezeptivität ist nicht Rezeptionsform von Objekten, sondern von »Widerfahrnissen«.

Bei diesen Akten steht das Subjekt nicht im Modus des Erfassens oder Betrachtens, sondern im Modus des »Betroffenseins«. Es ist von den Widerfahrnissen in Mitleidenschaft gezogen und so in einem sehr buchstäblichen Sinne »betroffen«. Dieses Betroffensein aber ist ein durchaus reales und wird als reales miterfahren. Und weil es jederzeit Betroffensein »von etwas« ist, so steht hinter ihm unmittelbar das Widerfahrnis selbst, von dem das Subjekt betroffen ist, als dasjenige Reale da, das in dem Akte »erfahren« wird. Es ist dasjenige, was dem Subjekt »zustößt«, sich ihm aufdrängt, von dem es bedrängt ist. In diesem Zustoßen, Sichaufdrängen, Bedrängen zeigt das Widerfahrnis ein Realitätsgewicht, dessen das Subjekt sich gar nicht erwehren kann. Dieses Reale also ist in einer Weise »gegeben«, der gegenüber skeptische und idealistische Realitätsbestreitung verstummen muß.

Das »Erfahren«, von dem hier die Rede ist, darf nicht mit Empirie im wissenschaftlichen und erkenntnistheoretischen Sinne verwechselt werden; es hat mit Wahrnehmen, Beobachten, Experimentieren nichts gemein. Es gibt ein Erfahren anderer Art, elementarer als jenes und tiefer im Leben verwurzelt, menschlicher und fundamentaler zugleich, dem Sprachgebrauch geläufiger als das des empirischen Erkennens. Das ist das Erfahren als Aktkorrelat des Widerfahrnisses. Erfahren in diesem Sinne ist es, wenn ich von anderen Menschen Unrecht erfahre, wenn ich Anerkennung oder Mißbilligung, gutes Zutrauen oder Mißtrauen, Achtung oder Mißachtung erfahre. In diesem Sinne erfahre ich überhaupt das Tun der anderen an mir, ja schon ihr passives Verhalten, ihre Zurückhaltung, ihre eben durchblickende Gesinnung; nicht weniger aber auch die Folgen meiner eigenen Taten, meinen Erfolg und Mißerfolg. Das Leben, das ich »führe«, besteht so in einem einzigen großen, nie abreißenden Erfahrung-Machen – wenn schon gewiß nicht darin allein –, und der »Erfahrene« ist der, welcher viel »durchgemacht«, das Leben kennengelernt hat – nicht als Zuschauer, sondern als Darinstehender und sich in ihm Durchfindender.

Das gleiche gilt vom »Erleben«. Es gibt ein betrachtendes Erleben, so das ästhetische Erleben, oder selbst das der Neugier. Aber es gibt auch ein sehr anderes Erleben, bei dem man vom Erlebten betroffen, beeindruckt, bedrückt oder beflügelt ist. Dieses Erleben ist das primäre, das uns im Leben selbst keinen Augenblick verläßt. Es ist dadurch charakterisiert, daß es seine »Erlebnisse« sich weder sucht noch wählt, sich aber auch von ihnen nicht abwenden kann (wie das betrachtende Erleben), sondern sie, wenn sie einmal da sind, »durchleben« muß. Darin berührt es sich eng mit dem »Durchmachen« des Erfahrens; es ist überhaupt gegen dieses nicht streng abgrenzbar. Der Unterschied ist nur der einer Nuance: im Erleben dürfte die Ichbetontheit, im Erfahren die Objektivität des Widerfahrnisses mehr dominieren. Aber Widerfahrnis wie Erlebnis haben dieses gemeinsam, daß sie uns zustoßen, sich aufdrängen und in jedem Falle ausgekostet werden.

Am fühlbarsten ist das Zustoßen im »Erleiden«. Wenn ich einen physischen Schlag oder Stoß erhalte, so bin ich unmittelbar und über alle Argumente drastisch belehrt über die Realität des Schlagenden oder Stoßenden. Es ist nicht so, wie gewisse Theorien meinen, daß es erst eines Kausalschlusses auf die Ursache des Schmerzzustandes bedürfte, um zu einer Vorstellung des Stoßenden zu kommen. Diese Vorstellung vielmehr, oder richtiger die Gewißheit der Realität des Stoßenden ist im Erleiden ebenso unmittelbar wie der Schmerz gegeben. Und darum ist sie auf keine Weise wegzudisputieren. Die Reflexion auf das Kausalverhältnis ist dagegen ganz sekundär. Sie kann fehlen oder einsetzen, sie ändert nichts mehr an der vorweg empfangenen Realitätsgewißheit.

Das physische Erleiden ist nur ein Grenzfall. Das Leben ist ein ständiges Ringen und Kämpfen mit Mächten jeder Art, mit Anforderungen, Pflichten, Hindernissen, Schwierigkeiten, Verwicklungen. Immer gilt es, der Sachlage Herr zu werden; und was immer an Rückschlägen, Widerständen, Mißlingen uns trifft, muß erlitten und ertragen werden. Alles Besiegtwerden und Unterliegen ist ein Erleiden, genau so sehr wie auch das Emporgerissen- oder Getragenwerden von fremder Kraft. Die Kraft, was immer sie sein mag, wird im Erleiden unmittelbar erfahren. Man bekommt sie zu fühlen. Dieses Zu-Fühlen-Bekommen ist nichts als ein besonderer Modus des Betroffenseins. Insofern ist das Erleiden nur ein Spezialfall des sich mannigfaltig abstufenden Erfahrens. Wie man Situationen, Geschehnisse, Spannungen und Lösungen erlebend erfährt, indem man selbst darinsteht und beteiligt ist, so auch das, was einen schicksalhaft trifft und was man zu tragen hat. Nur die Grade des Beteiligtseins und Darinstehens sind verschieden. Im Maße des Darinstehens aber ist man vom Widerfahrnis betroffen. Und im Maße des Betroffenseins ist die Realität des Widerfahrnisses – der Geschehnisse, Situationen, Schicksalsschläge – eine unmittelbar »schlagend« gegebene.

Diese Art von Realitätsgegebenheit ist nicht nur eine andere als die Erkenntnis, sondern besteht im Leben auch unabhängig von ihr. Das Betroffensein wartet nicht ab, bis das Widerfahrnis als solches erkannt ist. Es ist unvermittelt da. Freilich kann ihm der erkennende Einblick in die Sachlage folgen. Aber er braucht nicht zu folgen. Was es eigentlich »war«, was mir geschah oder zustieß, kann mir verborgen bleiben. Ob ich Charakter und Wesen des besonderen Widerfahrnisses verkenne oder durchschaue, spielt hier gar keine Rolle. Es bleibt deswegen doch erfahrenes Widerfahrnis, und ich bleibe der von ihm realiter Betroffene. Und dieses realiter Betroffensein läßt sich von keiner Überlegung wegdisputieren. Die Erkenntnis des Widerfahrnisses aber, wo sie wirklich einsetzt, folgt allemal erst nach. Und dann ist ihr durch das vorausgehende Betroffensein die Realität ihres Gegenstandes bereits vorweg gegeben. Sie ist ihr mit einer Nachdrücklichkeit und Unumstößlichkeit gegeben, wie die Erkenntnis ihrerseits sie aus ihren Gegebenheitsquellen nicht entfernt aufbringen kann.

Dieses Verhältnis ist es, das wir meinen, wenn wir die Geschehnisse, Widerfahrnisse, Schicksale unseres Lebens als unaufhaltsam empfinden, als etwas, was »uns geschieht«, wo wir hindurchmüssen. Ob in dem Strom der Geschehnisse das eigene Tun mitbeteiligt ist oder nicht, macht hierbei keinen Unterschied. Wohl hat das Betroffensein noch eine eigene Nuance, wenn man die Folgen des eigenen Tuns zu fühlen bekommt. Aber das Grundmoment, daß überhaupt man davon getroffen ist, ist dasselbe wie bei allem, was man erfahren oder erleiden muß. Das Subjekt kann durch seine Voraussicht vielleicht im einzelnen ausweichen, aber es kann den Strom der Folgen als solchen so wenig aufhalten wie nur je ein von ihm unabhängiges Geschehen. Diese Unaufhaltsamkeit der Geschehnisse empfindet der Mensch als ihre Schicksalhaftigkeit – ein Empfinden, das man rein aus seiner Struktur heraus, ohne Mythos und ohne anthropomorphe Weltordnungsidee verstehen muß. Schicksalhaft erscheint dem Menschen der Strom des realen Geschehens, sofern er sein eigenes, ungesuchtes, ungewolltes, im allgemeinen auch unverschuldetes Ausgeliefertsein an ihn empfindet. Was wir in diesem Strome andauernd erfahren, ist nichts anderes als die allgemeine »Härte des Realen«, der wir nichts abhandeln können. Und das empfundene Ausgeliefertsein an sie ist das unentwegt von Schritt zu Schritt uns im Leben begleitende nackte Zeugnis der Realität des Geschehens in uns selber.

Die Härte als solche wechselt auch nicht mit dem Inhalt des Erfahrenen. Sie ist in den Nichtigkeiten des

Alltags, die wir vielleicht als ärgerlich empfinden, dieselbe wie in den großen geschichtlichen Völkerschicksalen; sie ist auch dieselbe in der Sphäre der Dinglichkeit wie in der seelischen Hintergründigkeit. Ich erfahre die Gesinnungen der Menschen gegen mich genau so unabweisbar, wie der Gefangene die Mauer, der Lastträger die Traglast empfindet. Und beides ist unabhängig vom Erkennen des Empfundenen. Es ist auch dieselbe Härte, derselbe Druck, dasselbe Ausgeliefertsein, was man der geschichtlichen Weltlage, den bestehenden sozialen Verhältnissen, den öffentlichen Zuständen jeder Art gegenüber empfindet. Man ist eingefangen in den Verhältnissen, wie sie sind; man kann sie als Übermacht oder als Bleigewicht empfinden, oder auch als tragende Macht, auf der man fußt, von der man sich vielleicht gar hochtragen läßt. Das ist nur ein Unterschied des Wertvorzeichens. Ontologisch, im Sinne der erfahrenen Realität, ist es dieselbe Härte des Realen, die wir ertragen oder aber auswerten müssen.

Erst über der Basis dieses allgemeinmenschlichen Grundphänomens erheben sich die besonderen Schicksalsideen der mythischen, religiösen oder philosophischen Weltanschauung. Sie sind keineswegs bloß Ausschmückungen des Phänomens. Sie sind vielmehr Ausdruck eines ewigen Rechtens und Haderns des Menschen mit der Übermacht des Weltlaufes und der Härte des Realen. Wie denn der Gedanke immer wiederkehrt, daß im Zuge der Geschehnisse selbst ein Sinn, eine Rechtfertigung, eine Lenkung höherer Ordnung enthalten sei. Der Mythos ist kenntlich als Paramythion. Wer aber Trost sucht, der dokumentiert damit eben die Härte dessen, wofür er sich trösten will.

IV

Der Mensch lebt nicht in der Gegenwart allein. Er sieht dem Kommenden entgegen, ja er vermag es in gewissen Grenzen vorauszusehen. Er ist nicht ohne »Vorsehung«; und wie beschränkt oder trügerisch diese sein mag, sie stellt ihn mit seinem Weltbewußtsein und Realitätsbewußtsein doch auf eine wesentlich verbreiterte Basis. Denn eben dieses, daß er das Kommende kommen sieht, gibt ihm die ständig sich anpassende Bereitschaft, die vorgreifende Empfangsstellung, sie sei nun Furcht, Abwehr oder Zuversicht.

Denn darin unterscheidet sie sich nicht vom Gegenwartsbewußtsein: sie ist sowenig wie dieses ein bloßes Erkenntnisverhältnis. Die Erkenntnis des Künftigen gerade ist am meisten eingeschränkt, viel mehr als das emotionale Vorgreifen. Wir leben dauernd in dem Bewußtsein, daß der Strom des Geschehens unaufhaltsam auf uns »zukommt«, daß dieses »Zukünftige« ständig in die Gegenwart einrückt und uns im Maße seines Einrückens treffen muß. Dieses Bewußtsein ist durchaus unabhängig von unserem Erkennen oder Nichterkennen des Kommenden, wir sind seiner auch gerade als des Unerkannten gewiß, rechnen mit ihm als dem Unberechenbaren, Unvermuteten, Überraschenden. Und diese

Rechnung ist es, die immer stimmt. Denn es ist immer neues Geschehen im Anzuge.

Das Rechnen mit dem Kommenden als einem Unaufhaltsamen hat also von vornherein einen ganz bestimmten Gewißheitscharakter an sich, der sehr verschieden ist von dem des Gegenwartsbewußtseins. Er ist echte Realitätsgewißheit, nur eine solche, die der Gegebenheit des Realen voraufgeht. Er prägt sich in einer Reihe von Akttypen aus, die ebenso emotional und ebenso transzendent sind wie das Erfahren und Erleben, nur eben daß sie dem Erfahren und Erleben selbst vorgreifen. Sie nehmen das Betroffensein vorweg. Sie zeigen das Subjekt in einer anderen, eigenartigen Rezeptivstellung: im Modus des Vorbetroffenseins.

Von dieser Art sind die Akte des Erwartens, des Vorgefühls, der Bereitschaft, des Gefaßtseins; nicht weniger aber auch die stärker gefühlsbetonten der Befürchtung und Besorgnis, oder die der Hoffnung, der Aussicht auf etwas, des Hinlebens auf Ersehntes sowie des einfachen Sichfreuens auf etwas.

Einige von diesen Akten haben etwas ausgesprochen Illusionäres. Das Vorgefühl ist ohne angebbare Grenze gegen das Gaukelspiel der Phantasie; Furcht und Hoffnung täuschen und narren den Menschen, auch den sonst reell eingestellten; Vorfreude und Besorgnis zeigen die Neigung zur Übertreibung. Ja, selbst die nüchterne Erwartung vergrößert noch leicht das unmittelbar Bevorstehende. In alledem darf man natürlich keine Realitätsgegebenheit sehen. Und dennoch gibt es auch hier eine solche. Denn in allen diesen Abarten der emotional-antizipierenden Akte ist eines gewiß: dieses, daß überhaupt etwas kommt, daß stets etwas im Anzuge ist. Und in diesem Punkte ist das vorempfundene Betroffensein ein durchaus reelles, ein echtes Vorbetroffensein vom unaufhaltsamen Strom des realen Geschehens. Die Akte erweisen sich darin als wirklich transzendente Akte. Ja ihre Transzendenz geht noch weiter als die des Erlebens und Erfahrens, sie transzendiert auch die Grenze des Gegenwärtigen und Gegebenen.

Der Mensch lebt wesentlich im Vorbetroffensein vom Künftigen. Gerade das Anrückende hat ein ungeheures Realitätsübergewicht; das Gegenwärtige ist dagegen immer schon halb abgetan. Der dunkle Schoß der Zukunft hält den Blick dauernd gebannt, gerade er erscheint als die unerschöpfliche Quelle von Geschick und Mißgeschick, und immer ist das, was aus seiner Richtung herangezogen kommt, das uns Betreffende, uns Zustoßende, uns Überfallende und Überkommende. Dem entspricht das habituelle Eingestelltsein des Subjekts auf das Anrückende als solches. In diesem generellen Sinne sind jene Akte alle keineswegs illusionär. Sie bekommen dauernd Recht im Strom der Ereignisse, wie sehr immer sie im besonderen der Täuschung unterliegen. Das Vorbetroffensein ist ebenso wirkliches Betroffensein vom anrückenden Realen, wie das Erleben und Erleiden vom gegenwärtigen.

Die Konsequenz erfordert es, auch die Neugier in diesem Zusammenhang zu berücksichtigen, wennschon ihre leichtfertige Aktform einen wie das Satyrspiel anmutet, das sich an den Ernst schicksalhaften Geschehens heftet. Die Neugier rechnet nicht mit etwas Bestimmtem, das kommen muß; sie greift nicht mit der Einbildung dem Gang der Geschehnisse vor, sie lebt nur im Gerichtetsein auf das Kommende überhaupt. Sie ist daher kein eigentliches Erwarten, und dennoch ist gerade die zuwartende Einstellung in ihr das Wesentliche: sie will sich überraschen lassen. Sie lebt nicht in der Voraussicht, viel eher im Verzicht auf sie; sie ist ein Hinleben auf das Unvorhergesehene als solches, ein habituelles Schnüffeln in der Zukunft, ohne sie inhaltlich vorwegzunehmen. Aber eben damit, so paradox es klingen mag, ist sie durchaus reell. Denn dessen, daß überhaupt immer etwas kommt, ist sie unbeirrbar gewiß. Alle Ungewißheit im Vorblick betrifft das Sosein des Kommenden, hier aber ist nicht das Sosein, sondern nur das Kommen selbst vorweggenommen. Im »Warten auf das Unerwartete« gerade erreicht das Vorbetroffensein die der menschlichen Vorsehung adäquateste Einstellung. –

Der Mensch lebt nicht allein im Erwarten des Künftigen, sei es nun im Gefaßtsein auf Gewichtiges oder im spielerischen Sensationsbedürfnis. Er lebt auch im aktiven Vorgriff in die Zukunft. Sein Begehren, Wollen, Tun, Handeln, ja im Keime schon seine innere Stellungnahme und Gesinnung gegen den Mitmenschen, ist ein Vorgreifen in das Künftige. Das ist ein Wesensgesetz dieser Akte. Der Initiative steht weder die Vergangenheit offen noch auch die eigentliche Gegenwart. Beide haben ihre vollständige Geformtheit schon an sich, und keine Macht der Welt vermag sie zu ändern. Das einmal Geschehene kann der Mensch nicht mehr beeinflussen.

Wohl aber in gewissen Grenzen das noch Ungeschehene. Der Initiative steht nur die Zukunft offen.

Die genannten Akte nun, sowie alle ihnen verwandten, machen eine eigene, dritte Gruppe der emotional-transzendenten Akte aus. Sie sind prospektiv wie die der vorigen Gruppe, aber von ihnen durch den Charakter der Aktivität oder Spontaneität unterschieden. Sie sind also nicht rezeptiv wie die der beiden ersten Gruppen, daher kann es bei ihnen kein direktes Betroffensein des Subjekts geben. Es sind teleologische Akte; sie gehen auf ein Realobjekt wie jene, nur daß sie dieses erst durch ihren Vorgriff zur Realität bringen. In allem Wollen und Handeln tritt der Zweck doppelt auf: zunächst bloß in der Intention, vom Subjekt gesetzt, sodann erst als realisierter. Der Akt selbst aber ist von Hause aus über den intendierten (vorgefaßten) Zweck hinweg auf die Realisation gerichtet. Er ist also schon im Ansatz transzendenter Akt.

Man sollte meinen, daß Akte von solcher Struktur kein wesentliches Realitätszeugnis enthalten, und zwar eben weil sie nicht rezeptiv sind, weil in ihnen nicht der Agierende selbst betroffen ist, sondern etwas anderes außer sich zum Betroffenen macht. Dennoch lassen sich hier drei Momente aufzeigen, in denen auch dem Wollenden und Handelnden Reales zur emotionalen Gegebenheit kommt.

Das erste dieser Momente ist der Widerstand des Realen gegen die Aktivität. Alles Tun des Menschen stößt vor in einen Realzusammenhang, der stets schon seine feste Bestimmtheit hat. An dieser Bestimmtheit findet es seine »Mittel« zur Verwirklichung der Zwecke, die es sich gesetzt, aber auch die Grenzen seines Könnens, d.h. des jeweilig ihm Möglichen. Nicht alles läßt sich realisieren; und in Wahrheit seligiert gar nicht erst der Erfolg das Gelingen und Mißlingen, schon im Wollen selbst vielmehr sind die Mittel in den Grenzen des Übersehbaren einkalkuliert, die Zwecke auf Erreichbarkeit hin vorseligiert. Wo das Realisieren eine lange Kette von Aktionen umfaßt, da spielt es sich in einem ständigen Ringen mit der Chance ab: es ist ein dauerndes Ansetzen, Versuchen, Mißlingen, Zulernen, Wiederansetzen – ein Vorwärtskommen, in dem jeder Schritt erkämpft, jeder Erfolg dem Widerstande abgerungen ist. So kennen wir es auf allen Gebieten der »Arbeit«. Für Arbeit jeder Art ist keineswegs nur die Leistung charakteristisch, sondern auch der eigentümliche Modus der Erfahrung, der in ihrem Prozeß liegt: das Subjekt erfährt stets erst in ihrem Verlaufe sowohl sie selbst als auch die Sache, an der es arbeitet. Die Sache aber erschließt sich ihm in dem Widerstande, den sie leistet. Das Subjekt erfährt die Eigenart der Sache in diesem Widerstande; es bekommt darin das Gewicht ihrer Bestimmtheit (Gesetzlichkeit) zu fühlen. Das andauernde, alles Tun begleitende Widerstandserlebnis ist eine charakteristische Grundform der Realitätsgegebenheit. Hier wird durchaus dieselbe »Härte des Realen« erfahren, wie auch im rezeptiven Erleben und Erleiden. Der Unterschied liegt nur im voraufgehenden Einsatz von Aktivität und Spontaneität, als deren Beschränkung die Realresistenz empfunden wird.

Der Gedanke, daß Realität im erlebten Widerstand gegen das Wollen erfahren wird, ist in jüngster Zeit sehr eindrucksvoll von Scheler vertreten und zu einer Art »voluntativem Realismus« ausgebildet worden; er geht weiter auf Maine de Biran und Bouterwek zurück. Er ist bei Scheler wohl nur zu sehr isoliert worden von den übrigen, ebenso selbständigen Formen emotionaler Gegebenheit; Widerstand-Erfahren ist nur eine Art des Erfahrens. Überdies ist es nicht auf die Dingsphäre beschränkt. Gerade Widerstände höherer Ordnung werden durchaus in gleicher Weise »voluntativ« erfahren. Man bekämpft jemand und erfährt seine Gegenwehr; man vergreift sich an fremdem Eigentum und erfährt den Widerstand der bestehenden Rechtsordnung; man will jemand überzeugen und erfährt die Opposition des selbsttätigen Denkens. Das ist durchaus dieselbe Art, Widerstand zu erfahren, als wenn man den Stein wälzt und seine Schwere erfährt. Nur die Sphären des Realen sind verschieden.

Für das Wollen und Handeln bilden indessen die Sachen, mit denen es schaltet, nur ein »erstes« Realobjekt, und zwar ein mehr äußerliches. Die Aktivität dieser Akte macht gemeinhin bei Sachen nicht halt, sie geht weiter auf Personen. Handeln im engeren Sinne ist stets ein solches an Personen und gegen sie. Andere Personen also sind das »zweite« und eigentliche Realobjekt der Handlung, des Wollens, ja selbst schon der Gesinnung. Sie sind die in diesen Akten unmittelbar Betroffenen.

Darin wurzelt das zweite Moment der Realitätsgegebenheit bei diesen Akten. Auf den ersten Blick freilich sieht man das nicht. Nicht der Handelnde, sondern der Behandelte erfährt ja hier etwas; er ist der Betroffene, verhält sich aber auch nur rezeptiv. Wie also sollte der Handelnde in seinem Handeln selbst von Seiten der fremden Person, an der er handelt, betroffen sein? Denn nicht um deren Widerstand oder Gegenschachzug handelt es sich; beides gehört vielmehr in das Widerstandserlebnis.

Es gibt aber noch eine ganz andere Art, wie der Handelnde die fremde Person als Realobjekt »erfährt«. Gerade daß die fremde Person betroffen ist, wirft auf ihn selbst Licht und Schatten zurück. Er erfährt in seiner Handlung, daß Handlung und Wille selbst von der betroffenen Person zurückstrahlen – auf die eigene Person, ja daß sie die Macht haben, diese sehr eindeutig und sehr empfindlich zu »treffen«, zu »zeichnen« oder abzustempeln. Es sind zwar nur Wert- und Unwertmomente, die den Inhalt der Abstempelung ausmachen; aber es sind nicht die Werte in ihrer Allgemeinheit und Idealität, sondern gerade in ihrem Auftreten an der menschlichen Person, wie sie in Wirklichkeit »ist«. Darum haben sie in der Welt des Ethos ein Realitätsgewicht, das sich gelegentlich ins Ungeheure steigern und jede sonstige Härte des Realen überbieten kann. Diese Sachlage ist nicht von einer bestimmten Auffassung ethischen Wertvollseins abhängig; es handelt sich hier vielmehr um ein Elementarphänomen, welches aller Auffassung schon zugrunde liegt. Das Phänomen ist einfach dieses: Handlung und Wille selbst »erfahren« ihre Wertprägung durch das, was sie anrichten. Das Anrichten aber hat sein Gewicht im Betroffensein von Personen. Dieses Gewicht fällt zurück auf den Handelnden, als denjenigen, der es so gewollt hat. Es belastet ihn, betrifft ihn zurück, »zeichnet« ihn (Schuld und Verdienst). Dem Zurückfallen des Angerichteten auf ihn kann er in keiner Weise entgehen. Das Zurückfallen aber besteht nicht bloß in der Meinung, weder in seiner eigenen noch in der der anderen, sondern an sich. Es ist ein echtes reales »Rückbetroffensein« – nicht anders als das direkte Betroffensein im Strom der Geschehnisse auch. Und dem entspricht die Art, wie es erlebt und empfunden wird. Empfunden nämlich wird es gerade als ein vom Empfinden Unabhängiges, als ein schicksalhaft über uns Hereinbrechendes, Unaufhaltsames und in seiner Art Unerbittliches, ja wo es in schwerer Schuld besteht, als ein zuinnerst Bedrängendes, Bedrückendes, Erdrückendes. Das aber heißt: dasjenige, wovon wir im Wollen und Handeln rückbetroffen sind, wird im Rückbetroffensein selbst als ein eminent Reales erfahren.

Man darf dieses Verhältnis freilich nicht dahin mißverstehen, als käme es nur auf die drastischen »Folgen der Taten« an, die man im Zurückfallen erfährt; auch nicht so, als zählte hier nur das faktisch »Angerichtete« mit. Das Rückbetroffensein greift viel tiefer in die Ansätze der Initiative hinein; schon ein bloß keimhaftes Wollen, schon die innere Haltung, ja die Gesinnung gegen die fremde Person zeigt einem moralisch geschärften Empfinden genau dasselbe Behaftetsein der eigenen Person mit Wert und Unwert dessen, was man der fremden zugedacht. Nicht der Erfolg entscheidet über das

41

Rückbetroffensein – er hängt noch an anderen Faktoren als dem Willen –, sondern die Intention, wie sie schon in der inneren Haltung einsetzt. Und das kann nicht anders sein; denn schon in der Intention ist es auf die fremde Person und ihr Betroffenwerden abgesehen. Von diesem aber strahlt das eigene Betroffensein zurück.

Es erweist sich hier, daß das Seinsgewicht von Personen für Personen ein aktuelleres und unmittelbarer empfindbares ist als das von Sachen. Von bloßen Sachverhältnissen aus, resp. von unserem Tun an ihnen, soweit keine Personen mitbetroffen sind, gibt es kein gewichtiges Rückbetroffensein der eigenen Person. Und dem entspricht die Tatsache, daß keine skeptische und idealistische Theorie den Personen in gleicher Weise Realität abzusprechen wagt, wie den Dingen. Nur darf man das nicht mißverstehen, den Unterschied nicht hypostasieren: Personen haben nicht etwa eine höhere Realität als Dinge, sie haben nur für uns die gewichtigere Realitätsgegebenheit. Und der Grund dafür liegt in der unvergleichlich reicheren emotionalen Verbundenheit zwischen Person und Person. Es ist die ungeheure Inhaltsfülle und Gewichtigkeit der emotional-transzendenten Akte, in denen diese Verbundenheit sich auslebt. Zu Sachen und Sachverhältnissen gibt es von uns keine Verbundenheit von gleicher Tiefe und Innerlichkeit. Darum hat die Skepsis ein scheinbar leichtes Spiel, wenn sie das von ihr bestrittene Transzendenzverhältnis auf die Dinge allein abdrängt. Der Fehler darin ist aber eben dieser: sie tut, als gäbe es eine Welt von Dingen, die nicht zugleich Welt der Personen und ihres Schaltens mit Dingen wäre.

Neben der Sache und der Person tritt als drittes Realobjekt des Wollens und Handelns die »Situation« auf, in der und an der es agiert. Alle menschliche Initiative ist situationsbedingt und zugleich wiederum situationsgestaltend. Sie ist hervorgerufen durch jeweilige Lebenslage und stößt selber formend in sie hinein. In diesem Verhältnis aber zeigt sich ein drittes Moment der Realitätsgegebenheit.

Das Verhältnis selbst ist wiederum ein ganz eigenes. Der Mensch kann sich die Situation nicht nach seinem Belieben wählen; er kann, wo er sie kommen sieht, wohl in gewissen Grenzen ausweichen oder vorbauen, aber im allgemeinen sieht er ihren besonderen Ausfall nicht voraus. Die Situation kommt ungerufen, ungewollt, sie überfällt den Menschen, er »gerät« in sie. Ist sie aber einmal über ihn gekommen, so kann er nicht mehr ausweichen, es gibt da kein »Seitwärts« oder »Rückwärts« für ihn – er müßte denn das bereits Geschehene ungeschehen machen können, was ontisch unmöglich ist. Er muß also hindurch, muß »vorwärts«. Das aber bedeutet, er muß handeln, muß entscheiden, was immer durch die Artung der gewordenen Situation ihm zu entscheiden zufällt. Darin hat er keine Freiheit, ob er handeln und entscheiden will oder nicht. Und er handelt immer, handelt in jedem Falle so oder so, wie auch er sich verhalten mag. Er handelt in Wahrheit auch dann, wenn er unentschieden und ängstlich das tätige Eingreifen vermeidet; Handeln ist ja nicht das sichtbare Tun allein, auch

Unterlassen ist ein Handeln, und was es anrichtet, ist von derselben Folgenschwere wie der tätige Eingriff; die Mitbeteiligten der Situation sind vom Unterlassen ebenso betroffen, die eigene Person ebenso rückbetroffen.

Zum Handeln also zwingt die Situation den Menschen, aber »wie« er handeln soll, schreibt sie ihm nicht vor. Darin läßt sie ihm Freiheit. So kommt die eigentümliche ontische Sachlage heraus: die Situation, in die ich gerate, ist für mich zugleich Unfreiheit und Freiheit, Zwang und Spielraum. Sie ist der Zwang zum Entscheiden überhaupt, aber Freiheit darin, wie ich entscheide. Hält man diese beiden Momente in ihr zusammen, so ergibt sich paradoxerweise: sie ist der »Zwang zur Freiheit«; der Mensch ist durch die Situation, in der er steht, zur freien Entscheidung genötigt. Das eben heißt es, daß er nicht »zurück« kann, nicht »seitwärts« ausweichen kann aus der einmal gewordenen Situation, sondern nur durch sie »hindurch« kann. Darin aber, »wie« er hindurch gelangt, hat er Spielraum. Gäbe es ein bloßes Treibenlassen in einer Situation, ohne daß man »anders könnte«, so bestünde wohl Zwang, aber nicht Zwang zur freien Entscheidung. So aber sind die menschlichen Situationen nicht: sie nötigen weder zur Untätigkeit noch zu bestimmtem Tun, wohl aber zur Entscheidung zwischen dem einen und dem anderen. Damit eben nötigen sie zur Freiheit.

Der Mensch »erfährt« somit die Situation, in die er gerät, als eminent reale Macht, als eine solche, die ihn nicht nur äußerlich, sondern zuinnerst, im Wesenskern der Person, betrifft. Nicht anders als so kann man den eigenartigen Realzwang zur Freiheit verstehen, der von ihr ausgeht. Was der Mensch in ihr erfährt, ist mehr als ein »Widerfahrnis«; es ist das unaufhaltsame Hineingedrängtwerden in Verantwortung und Schuld – das letztere nämlich, sofern die Situation einen Wertkonflikt enthält.

Man kann es als allgemeines Gesetz der »Situation« aussprechen: sie scheint unwägbar, denn sie ist vergänglich, fließend, ephemer, aber sie ist schicksalhaft. Wer in ihr steht, ist unweigerlich in seinem Wesen betroffen von ihr – und zwar in dem Punkte seines Wesens, in dem das Betroffensein am schwersten wiegt. Denn was er unter dem Zwang zur Freiheit anrichtet, fällt auf ihn zurück. Das ganze Menschenleben aber ist von einer einzigen ununterbrochenen Kette von Situationen in Atem gehalten. Jede einzelne fordert den Menschen unabweisbar heraus zur Tat. Der Tat aber folgt das Rückbetroffensein. Der Mensch steht so in einem dauernden Belastetsein durch die Kette der Situationen. Er erfährt darin ein Gewicht des Realen, dem selbst das der Widerfahrnisse kaum die Waage hält.

V

Es ist zu fragen: was folgt aus diesen Ergebnissen der Aktanalyse, was für ein Schluß läßt sich ziehen? Das Erkenntnisphänomen konnte den eigenen Bedarf an Realitätsgewißheit nicht decken, und darum auch nicht den der Ontologie. Man mußte sich nach einer stärkeren Gegebenheit umsehen. Diese zeigte sich in den emotional-transzendenten Akten. Im Betroffensein, Vorbetroffensein, Rückbetroffensein, im Widerstandserlebnis und im Gezwungensein zu Handlung und Entscheidung ist ein solcher stärkerer Gegebenheitsmodus des Realen aufgewiesen. Es fragt sich also nur noch, ob daraus etwas für die Erkenntnisgegebenheit des Realen folgt, d.h. ob jene stärkere Gegebenheit ihr zugute kommt, sie etwa stützt oder trägt. Denn an sich denkbar wäre es auch, daß sie ganz »windschief« zu ihr stände, sich mit ihr gar nicht träfe.

Diese Frage ist offenbar eine inhaltliche. Und darum läßt sie sich leicht entscheiden. Wenn es zweierlei Realität und zwei verschiedene reale Welten gäbe – eine solche der Wahrnehmungsgegebenheit und eine solche der emotional-transzendenten Gegebenheit – so wäre das Verhältnis in der Tat ein windschiefes, und es ließe sich hier überhaupt kein Schluß weiter ziehen. Dann aber dürften Wahrnehmung und Erlebnis nicht inhaltlich ineinander übergreifen, und was sie geben, dürfte nicht zueinander passen. Es müßte unmöglich sein, Erfahrenes und Erlittenes auch zu erkennen. Eine solche Unmöglichkeit besteht keineswegs. Wahrnehmung ist stets eingeflochten in den Erlebniszusammenhang; Erfahrenes und Erlittenes geht im Leben ohne angebbare Grenze in Erkanntes über. Es gibt eben nur eine Realität, nämlich die der einen realen Welt, in der wir leben und sterben, in der wir handeln, hoffen, fürchten, leiden, erfahren, ertragen – und erkennen. Sie ist es, von deren

Zusammenhängen wir so vielfach betroffen, bedrängt, bewegt, gezwungen sind; sie aber ist es auch, deren Zusammenhänge Objekt möglicher Erkenntnis sind. Und wenn auch die Ausschnitte der Welt als erlebter und als erkannter keineswegs zusammenfallen, so decken sie sich doch jederzeit in genügender Breite, um die Identität der Welt, aus der sie herausgeschnitten sind, überwältigend fühlen zu lassen. Es sind dieselben Personen, die wir wahrnehmen oder beurteilen, und an denen wir handeln, resp. von denen wir Behandlung erfahren. Es sind dieselben Dinge, die wir einerseits sehen und tasten, mit denen wir andererseits im Handeln schalten, oder deren Widerstand wir erfahren. Es sind dieselben Geschehnisse, Ereignisse, dieselben Folgen unserer Taten, an denen wir zu leiden und zu tragen haben, die wir aber zugleich auch begreifen lernen können. Und es sind dieselben Situationen, die unsere Entscheidungen herausfordern, die wir nicht weniger auch durchschauen, ja von höherer Warte überschauen können.

Ist es nun, im ganzen gesehen, dieselbe reale Welt hier wie dort, so überträgt sich offenbar das Gewicht der emotionalen Realitätsgegebenheit auf die Erkenntnisgegenstände. Emotionales Erfahren und objektives Erkennen sind und bleiben zwar grundsätzlich verschieden, aber die Gegenstände des Erfahrens sind deswegen doch zugleich Gegenstände möglicher Erkenntnis. Hat man dieses Verhältnis durchschaut, so kann man den wahrgenommenen Sachzusammenhängen die Realität nicht mehr bestreiten. Denn es ist dieselbe Realität, von der wir auch im Lebenszusammenhang mannigfaltig betroffen sind.

Dieser Schluß ist nicht eine Kombination, die erst der Philosoph nachträglich vollziehen müßte. Er ist nur die logische Rekonstruktion eines unser ganzes Leben beherrschenden und deswegen unbemerkt bleibenden Folgeverhältnisses, kraft dessen jederzeit das Gewicht erlebter Realität sich auf das Wahrgenommene, und von ihm weiter auf den Gegenstand jeweiliger Erkenntnis überträgt. Denn von vornherein steht alle Wahrnehmung und alles Erkennen fest eingefügt in denselben Lebenszusammenhang da, in dem wir Gewicht und Härte des Realen erfahren. Sie kommt außer ihm gar nicht vor. Es sind erst die philosophischen Theorien, welche die Erkenntnis nachträglich in der Abstraktion aus diesem Zusammenhang herausreißen, sie künstlich zum Zweck theoretischer Betrachtung isolieren; diesen Theorien passiert es dann, daß sie im Fortschreiten ihrer Betrachtung die vollzogene Abstraktion vergessen und das Erkenntnisverhältnis nun für ein auf sich selbst gestelltes, in der Luft schwebendes nehmen. Erst über diesem Fundamentalirrtum, sofern er stillschweigend zur Grundlage gemacht wird, erheben sich die Argumente der Skepsis und des Idealismus. Sie alle stehen und fallen mit ihm.

Umgekehrt läßt sich von hier aus deutlich einsehen, warum im Leben durchweg und vor aller Reflexion die Wahrnehmung als vollgültiges Realitätszeugnis hingenommen wird, trotzdem das Wissen um ihre Relativität und Täuschbarkeit schon in ein sehr naives Verhältnis zum Gegenstande hineinspielt. Die Wahrnehmung eben ist stets eingebettet in den breiten Zusammenhang des Erlebens und Erfahrens. Es steht hinter ihr jederzeit schon das Gewicht der emotional-transzendenten Akte und des Betroffenseins.

An diesem Gewicht hat sie ihren Rückhalt, an ihm findet sie im Zweifelsfalle immer wieder, und vor aller expliziten Überlegung, ihre Bewährung.

Und ähnlich wie mit der Wahrnehmung steht es mit aller Erkenntnis. Im Leben tritt die Erkenntnis gemeinhin nur als die nachträgliche – oder auch laufend mitfolgende – Erhebung des emotional Erfahrenen und Erlebten in die Objektivität auf. So ist die Menschenkenntnis vom Handeln, Leiden, Durchmachen getragen, die Voraussicht des Kommenden von Erwartung, Furcht, Gefaßtsein; ja selbst der Wissensdrang und der philosophische Urhabitus des Staunens ist der Neugier eng verwandt und von ihr nicht scharf zu scheiden. Daß es darüber hinaus eine Sphäre der objektiven Einstellung, des Urteils und der entspannten Betrachtung gibt, braucht deswegen keineswegs bestritten zu werden. Wir kennen diese Sphäre als die der reinen Wissenschaft. Aber gerade zu ihr muß man sich erst in besonderer Selbstzucht erheben. Und auch sie bleibt mit ihrem Anspruch der Realgültigkeit auf denselben Lebenszusammenhang rückfundiert. –

Man kann dieses Resultat auch noch in anderer Form durchsichtig machen. Alle Gegebenheit tritt in Form von Phänomenen auf. Dasselbe gilt auch von Realitätsgegebenheit. Hier aber erweist sich der Phänomencharakter als zweischneidig. Phänomene können auch Scheinphänomene sein; sie können selbst schon auf Täuschung beruhen. Sie sind dann leerer »Schein«, zeugen also nicht von etwas Realem. Wenn aber Realität nur in Form von Phänomenen gegeben sein kann, so muß es doch auch Realphänomene geben. Es fragt sich also dann: wie unterscheiden sich Realphänomene von Scheinphänomenen? Woran sind Realphänomene als solche zu erkennen? Die Frage kommt dieser gleich: wie ist Erscheinung von Schein zu unterscheiden? Woran können wir es sehen, ob ein Seiendes in ihr »erscheint« oder nicht? Auf Zusammenhänge und Übereinstimmungen kann man sich hier nicht berufen. Sie führen alle wieder auf andere Phänomene zurück. Man muß einen ersten Ansatzpunkt gewinnen. Und der kann nur im Phänomencharakter gesucht werden.

Es gibt nur eine Möglichkeit, den Ansatzpunkt zu gewinnen: nämlich dann, wenn im Phänomen selbst sich ein Moment herausstellt, in welchem es über sich hinausweist, wenn also das Phänomen so beschaffen ist, daß es seinen eigenen Phänomencharakter »transzendiert«. Man kann dieses im Unterschied zu anderer Transzendenz (etwa zur Akttranszendenz) als »Phänomentranszendenz« bezeichnen. Hier also führt der besondere Erscheinungsgehalt gebieterisch und unvermeidlich auf etwas hinaus, das selbst nicht Erscheinung ist, auf ein Unphänomenales oder Überphänomenales.

In den Phänomenen der bloßen Bewußtseinsakte (wie Meinen, Denken, Vorstellen, Phantasieren) ist das nicht der Fall, wenigstens nicht in bezug auf den Gegenstand. Wohl aber zeigt sich so etwas an den Phänomenen transzendenter Akte, und eben daher wissen wir um ihre Akttranszendenz. So weist schon deutlich der Erkenntnisakt – und zwar in der bloßen Analyse seines Phänomens – auf ein Seinsverhältnis hinaus. Es bleibt dabei höchstens ungewiß, ob überhaupt es Erkenntnis in diesem Sinne gibt. Insofern bleibt hier der Skepsis noch ein schmaler Boden formeller Berechtigung.

Das ändert sich in den emotional-transzendenten Akten. Hier ist die Akttranszendenz in Form des Betroffenseins mitgegeben. Sie erscheint unabweisbar mit im Phänomen dieser Akte. Das Phänomen treibt unaufhaltsam über sich hinaus, es zeigt die charakteristische Phänomentranszendenz. Das Reale erscheint hier in der Form der Aufdringlichkeit, Härte, Belastung, ja des Zwanges. In dieser Form kann es nicht skeptisch abgelehnt werden. Niemand kann zweifeln, daß es Erfahren, Erleiden, Bedrängt- und Belastetsein gibt. Die Phänomentranszendenz ist offenbar eine echte.

Übersieht man die ganze Mannigfaltigkeit der transzendenten Akte (der emotionalen und nicht-emotionalen), so stufen sie sich in diesem Punkte eindeutig ab. Ganz untenan stehen die apriorischen Elemente des Erkenntnisaktes; ihr Phänomen zeigt keine Phänomentranszendenz, wie denn die »objektive Gültigkeit« in ihnen erst erwiesen werden muß. Ganz obenan dürften die emotional-rezeptiven Akte stehen (Erfahren, Erleiden …), und ihnen zunächst vielleicht die höheren aktiven Akte, die ein Rückbetroffensein der eigenen Person zeigen. In ihnen ist die Phänomentranszendenz eine schlagende. Zwischen diese Extreme ordnen sich zwanglos alle übrigen transzendenten Akte. Diese Stufenfolge der Phänomentranszendenz ist natürlich keine solche der Akttranszendenz. Letztere läßt kein Mehr und Weniger zu, nur ihre Gegebenheit im Aktphänomen ist verschieden. Denn diese Verschiedenheit ist identisch mit der Abstufung im Gewicht der Realitätsgegebenheit. Und umgekehrt, im Maße dieses Gewichtes steigt und fällt die Phänomentranszendenz. Das läßt sich so ausdrücken: das Gewicht der Realitätsgegebenheit in einem Akte ist um so größer, je unablösbarer am Aktphänomen selbst die Realität des Aktes mit der Realität des Gegenstandes verknüpft ist. In den emotionaltranszendenten Akten ist das in solchem Maße der Fall, daß die Ablösung nur noch in der Abstraktion – unter Preisgabe des Phänomens gelingt. Beim Erfahren oder Erleiden wird es sinnlos, das »Widerfahrnis« als ein bloß aktgetragenes, mit dem Akte stehendes und fallendes (also Irreales) zu verstehen; man versteht dann vielmehr den Akt gar nicht, hat sein Phänomen nicht erfaßt, hat spielerisch den Ernst des Menschenlebens verkannt.

Der Skepsis bleibt demgegenüber nur eine formale Möglichkeit des Argumentierens. Sie kann freilich immer wieder geltend machen, auch Widerfahrnisse, Widerstände sowie Schicksale seien nur selbstgeschaffene Mächte. Aber solch stereotype Argumentation wird immer wesenloser, je stärker die Phänomentranszendenz der Akte wird. Sie wird immer mehr in die leere Abstraktion gedrängt. Und so erledigt sie sich, indem sie gegenstandslos wird.

Erst mit diesem Resultat ist der Boden für realontologische Untersuchung gesichert. Sie darf sich ruhig dem Detail einer Kategorialanalyse des Real-Wirklichen hingeben, ohne die Besorgnis, sich dabei von der Gegebenheit zu entfernen. Untersuchung als solche muß natürlich die Form der Erkenntnis haben, und zwar der streng wissenschaftlichen Erkenntnis. Damit muß sie sich freilich von den emotionalen Grundformen der Realitätsgegebenheit weit entfernen, sie muß aus der Aktualität und dem Betroffensein zurücktreten und die notwendige Distanz kontemplativer Einstellung gewinnen. Das bedeutet aber keineswegs, daß sie den Zusammenhang mit dem Leben und der Drastik des Betroffenseins preiszugeben brauchte. Die natürliche Verwurzelung, aus der sie herkommt, kann und muß ihr in aller Distanz zum jeweiligen Erleben gerade dauernd präsent bleiben. Die Spannweite der philosophischen Überschau, die dazu erforderlich ist, dürfte die erste Bedingung ihres Gelingens sein. Dieses Erfordernis ist kein anderes als das der Lebensnähe, das wir aus den wertvollsten Tendenzen heutiger Philosophie genugsam kennen. Es spricht in Kürze dasselbe aus, was in expliziter Gestalt die Wendung der Philosophie zur Ontologie und zum Realismus als ihr Ziel vor Augen hat. Die Analyse der emotional-transzendenten Akte betrifft insofern das Kernstück dieser Wendung, als sie dem lebendigen Gefühl solcher Verwurzelung den Nachweis seiner Berechtigung hinzufügt. Es ist kein müßiges Spiel, die Quellen einer Gewißheit aufzudecken, die wir ohnehin haben.

Rechenschaft über erste Gewißheit ist in der Philosophie Grundlage alles weiteren Fortschreitens.

Es gilt, als Grundverhältnis dieses festzuhalten: die weit ausschauende philosophische Erkenntnis hat, gerade sofern sie sich zur strengen Form einer logisch gefügten Theorie erheben muß, dennoch den festen Boden einer Realitätsgewißheit unter sich, der dem Erkennen vorausliegt und in ihm schon vorgegeben ist.

Die Perspektive, die sich von hier aus ergibt, ist eine dem heutigen Denken – trotz aller »Wendung« – noch ungewohnte und immer wieder erstaunliche: die Einstellung der Ontologie ist keine sekundäre, erst von der Philosophie vollzogene, sie ist kein Produkt der Abstraktion oder auch nur der Theorie; sie ist vielmehr in der Einstellung der natürlichen und der wissenschaftlichen Erkenntnis – ja vor ihr schon in der des Erlebens und Erfahrens, des Fürchtens und Hoffens, des Wollens und Handelns – enthalten und vorgeformt. Es ist im Aufstieg zu ihr nirgends ein Bruch; sie ist von alledem, was ihr vorausgeht, die geradlinige Fortsetzung.

Von den Denkgepflogenheiten der neuzeitlichen Jahrhunderte her ist man gewohnt, in diesem Aufstieg eine Reihe von Umstellungen zu erblicken. Schon die wissenschaftliche Einstellung zur Welt scheint vielerlei zu negieren, was die naive hinnimmt; die philosophische vollends wird als radikale Umdeutung oder Umwälzung des Weltbildes – z.B. als »kopernikanische Wendung« – verstanden. Die idealistischen Theorien des 19. Jahrhunderts mit ihren Wendungen ins Logische und ins Psychologische haben diese Auffassung noch erheblich bestärkt; Psychologie und Logik sind eben Betrachtungsweisen, die wirklich einer Umstellung bedürfen. Das ist der Grund, warum ihr Einfluß auf die Realphilosophie ein desorientierender werden mußte.

Über all das gilt es umzulernen und den Boden einer schlichteren Grundeinstellung wiederzugewinnen. Die naive und die wissenschaftliche Einstellung haben bei aller inhaltlichen Verschiedenheit doch dieses gemeinsam, daß sie die Welt, die den Inbegriff ihrer Gegenstände ausmacht, durchaus für real nehmen. Sie stehen darin beide gleich fest auf der Basis des Erfahrens und Erlebens. Auch Naturwissenschaft und Geisteswissenschaft unterscheiden sich darin nicht. Denselben Realitätsmodus wie das geschichtliche Geschehen zeigt auch das Naturgeschehen; nur die Seinsschichten und die kategorialen Geformtheiten sind grundverschieden. Und selbst der historische oder soziologische Relativismus (Historismus, Pragmatismus) setzt immer noch unverändert die Realität der Geschichte selbst, resp. die der Gesellschaftsformen, voraus. Es sind in der Tat erst die philosophischen Theorien, die davon abgewichen sind, sowohl in ihrem eigenen Tun als auch in ihrer Auffassung vom Tun der Wissenschaften. Ihrer unkritischen Haltung, die sich hinter einer breit aufgebauschten Scheinkritik der Gegebenheiten zu verstecken wußte, ist die ganze Desorientierung zu verdanken.

Im Gegensatz zu alledem ist die ontologische Einstellung die geradlinige Fortführung der natürlichen und wissenschaftlichen; sie schließt sich ohne Bruch an diese an, ja sie ist im Grunde identisch mit ihr. Die Onto-logie, deren Erneuerung wir Heutigen in ihren Anfän-gen erleben, steht so von vornherein im Zeichen der Um-kehr und der Rückkehr zu den Grundphänomenen. Sie steht dem Leben in seiner Fülle wieder nah, wie die Psy-chologie, die Logik und die Erkenntnistheorie es ihrem Wesen nach nicht vermögen. Man hat diese drei, eine um die andere, zur philosophischen Grundwissenschaft gemacht. Man hat nichts erreicht als den Schiffbruch der Theorie. Denn nicht eine von ihnen, sondern die Lehre vom »Seienden als solchem« ist die natürliche philosophia prima.

[2. Diskussion]

Max Dessoir, Berlin[3]

Aus den Darlegungen des Herrn Professor Hartmann, denen auch ich mit lebhaftester Anteilnahme gefolgt bin, möchte ich einige Punkte heraushebеn, in denen ich mich der Ansicht des Redners nicht anschließen kann. Hinter allem, was Herr Hartmann gesagt hat, steht eine Auffassung des Menschen, die mich befremdet. Der Mensch gilt ihm als ein welt-bedrücktes Wesen; er wird »betroffen«, »vorbetroffen«, »rückbetroffen«; er muß mit Personen wie mit Mächten paktieren, er erfährt das Mißtrauen eines andern, er ist auf etwas gefaßt und überhaupt einer Schicksalhaftigkeit ausgeliefert. Das, meine Herren, ist nicht Realismus, sondern Passivismus. In Wahrheit ist der Mensch doch auch ein welthaltiges und weltschaffendes Wesen. Er begegnet nicht einem überlegenen Schicksal, sondern ist selber Schicksal. Mir scheint, als ob dieser uns dargebotene Anblick des Menschen nur eine Seite seiner Natur zeigen kann. Ebensowenig überzeugend war mir die daraus gezogene Folgerung. Herr Hartmann meint, daß solche Situationen, an die wir bei der soeben kurz wiederholten Schilderung denken müssen, den Menschen zum Handeln zwingen und dadurch ein Wirklichkeitsgegebenes be-

---

[3] [Max Dessoir: 1867-1947, Psychologe; 1931: Professor an der Universität Berlin.]

weisen. Aber zwingt mich nicht auch ein Baum, der im Wege steht, um ihn herumzugehen? Das tue ich ohne jede Erregung, ohne jeden emotional geladenen Akt, und dennoch habe ich den stärksten Eindruck eines Fremdwirklichen. Es liegt also wohl daran, daß ein Mensch, ein Tier, die mir im Wege stehen, anders wirken. Zu ihnen allerdings muß ich Stellung nehmen, offenbar aus besonderen Gründen, die nicht aufgezeigt wurden.

Ich komme nun zu einem zweiten Punkte. Nach Hartmann handelt es sich um die Realität derselben Welt im Gegenstand der emotional-transzendenten Akte und im Erkenntnisakt; denn ich erfahre ja z.B. das Mißtrauen des andern in Vorgängen, die ich höre und sehe. Hiergegen möchte ich einwenden, daß die beiden Sphären zwar miteinander verbunden, aber nicht identisch sind, so wenig wie Tonhöhe und Tonstärke dasselbe sind, obwohl die eine nicht ohne die andere auftreten kann. Es gibt viele Wirklichkeiten, zum Beispiel innerhalb der Räumlichkeit: einen mathematisch-physikalischen Raum, dann einen architektonischen Kunstraum, der meine Seele weiten oder beengen kann, der von innen anders erlebt wird als von außen, und einen Raum der konkreten Situation, in dem ich jetzt als Person lebe. Solche Verschiedenheiten sind, scheint mir, nicht genügend beachtet worden. Nur durch eine quaternio terminorum ist der Schluß von der emotionalen Reaktionswelt auf die theoretische Welt möglich.

Drittens: die Realität, in der es ein Schicksal gibt, kann nicht die naturwissenschaftliche Wirklichkeit verbürgen. Ich sehe keinen entscheidenden Grund dafür, daß die eine Wirklichkeit einen gewichtigeren Gegebenheitsmodus als die andere besitzen soll. Anscheinend glaubt der Herr Vortragende an einen Vorzug der inneren Erfahrung. Aber wie stellt er sich dann zu den pathologischen Erscheinungen, in denen sicherste persönliche Gewißheit für ein Sein vorliegt, das von niemand sonst anerkannt wird? Wie hier emotional gefärbte Akte zu einer falschen Gegebenheit führen, so müßte andererseits das Fortfallen jener Akte auch den Glauben an die Welt der Wahrnehmung und der Erkenntnis erschüttern, und dies ist gewiß nicht der Fall, auch nie der Fall gewesen, selbst nicht bei dem Stoiker. Vor allen Dingen jedoch: gerade dasjenige Erlebnis, auf das die Schilderung Hartmanns am ehesten zutrifft, nämlich das religiöse Urphänomen einer Überwältigung durch eine unsichtbare Macht, beweist doch nicht die Zugehörigkeit Gottes zu unserer Erfahrungswelt. Ich glaube daher nicht, daß sich die theoretische Welt auf der Reaktionswelt aufbaut, sondern sie ist ein Urdatum, das Gewisseste, für das nach einer causa sufficiens zu suchen ein aussichtsloses Unterfangen darstellt.

Ich möchte nicht schließen, ohne diesen notwendigerweise kritischen Bemerkungen hinzuzufügen, was der Vortrag mir, wie gewiß vielen unter Ihnen, gegeben hat. Ich bin dankbar für die Feinheit der Analysen und dafür, daß an die Stelle eines dünnen Intellektualismus etwas Lebendiges gesetzt wurde. Wenn Herr Professor Hartmann den theoretischen Problemkreis überschritten und sich eng ans Leben gehalten hat, so ist er in die

Tiefe gestoßen, freilich ohne eine Grundebene zu erreichen. Aber Vertiefung und Lebendigkeit sind Vorzüge
echten Philosophierens, und an echtem Philosophieren
haben wir soeben teilgenommen.

Moritz Geiger, Göttingen[4]

Die Überzeugung von der Wichtigkeit des Problems der
Realität ist die einzige gemeinsame Überzeugung aller
Anwesenden: Schon bei der Frage, worin dies Problem
besteht, scheiden sich die Geister in zwei Heerlager. Für
die einen ist Realität eine Gegebenheit, und das wesentliche Problem lautet für sie: wie läßt sich der Anspruch,
den die Realitätsgegebenheit erhebt – eine vorhandene
Realität zu präsentieren – sichern? Für das andere Heerlager stammt Realität aus der Spontaneität der Vernunft: sie ist Setzung im Denken oder denkökonomi-
sche Konstruktion oder Fiktion oder dergleichen – jedenfalls keine Gegebenheit. Für diese Anschauung lautet das Problem: mit welchem Recht wird eine solche
Realitätssetzung vorgenommen? Was bedeutet es überhaupt, daß über ein bloß Gegebenes hinaus Realität gesetzt wird?

Ich stimme Herrn Hartmann bei, daß Realität eine
Gegebenheit ist, und werde demgemäß vom Boden dieser Anschauung aus diskutieren. Ich kann jedoch den

---

[4] [Moritz Geiger: 1880-1937, Philosoph; 1931: Professor an der
Universität Göttingen.]

prinzipiellen Unterschied nicht anerkennen, den Herr Hartmann zwischen den Erkenntnisakten und den emotional-transzendenten Akten in bezug auf die Sicherung der Realität macht. Mir scheint, daß Herr Hartmann den beiden Aktarten gegenüber eine jeweils verschiedene Methode einschlägt. Den Erkenntnisakten gegenüber versucht er eine Methode, die ich als die *Nachweismethode* bezeichnen möchte. Herr Hartmann fragt: wie läßt sich die Berechtigung des Anspruchs der Erkenntnisakte auf Transzendenz nachweisen? Allein, wenn man diese Methode anwendet, so kann ein Nachweis prinzipiell nicht gelingen. Geht man davon aus, es sei zunächst fraglich, ob der Anspruch berechtigt ist, so muß man das zu Prüfende zunächst in der Schwebe lassen, und man muß sich nach Gewichten umsehen, die sich zugunsten des Anspruchs in die Waagschale werfen lassen. Im vorliegenden Falle der Prüfung des Anspruchs der Realitätsgegebenheit muß man daher so tun, als ob zunächst die Realitätsgegebenheit eine bloße *subjektumschlossene* Gegebenheit sei, als ob die Tatsache, daß meine Umgebung mir als real gegeben ist, zunächst nur eine *subjektive* Überzeugung von ihrer Realität begründe. Man ist daher genötigt, nach Momenten zu suchen, die imstande sind, diese subjektive Überzeugung in objektive Berechtigung zu verfestigen. Es ist jedoch ausgeschlossen, daß sich solche Momente finden lassen. Denn zur Verfestigung der subjektiven Überzeugung in objektive Gewißheit stehen wiederum auch nur andere Realitätsgegebenheiten – etwa emotional-transzendente – zur Verfügung. Allein auch diese anderen

Momente dürften bei der Nachweismethode zunächst nur als subjektive Überzeugungen begründend angesehen werden. Was der einen Realitätsgegebenheit recht ist, ist der andern billig. Die Gegebenheit der emotional-transzendenten Akte mag »stärkeres« Realitätsgewicht haben als die der Erkenntnisakte – vom Standpunkt der Nachweismethode aus bedeutet stärkere Gegebenheit nur stärkere subjektive Überzeugung. Durch die Häufung subjektiver Überzeugungen läßt sich jedoch niemals objektive Sicherheit gewinnen: die Kluft zwischen der stärksten subjektiven Überzeugung und der objektiven Sicherheit ist unüberbrückbar; man kann sich nicht am Schopfe bloß überzeugungsmäßig aufgefaßter Gegebenheiten aus dem Sumpfe der Subjektivität herausziehen.

Allein das Problem der Sicherung der Realität liegt nicht in einem Nachweis der Berechtigung des Realitätsanspruchs, sondern in der Widerlegung der An griffe auf diesen Realitätsanspruch. Herr Hartmann selbst hat in der Tat bei den emotional-transzendenten Akten diese andere Methode – *die Widerlegungsmethode* – eingeschlagen. Er glaubt, der Betroffenheit, der Angst, der Neugier, den Gesinnungen usw. die in ihnen gesetzten Realitäten, obwohl er weiß, daß es auch hier Täuschungen gibt. Das ist auch die Methode, die wir im gewöhnlichen Leben wie in der Wissenschaft immer wieder anzuwenden pflegen. Den Anspruch des gesehenen Hauses auf Realität halten wir nicht etwa zunächst in der Schwebe, sondern wir glauben der Realitätsgegebenheit; wenn uns im Bewußtsein als Motiv unserer guten

Tat die Nächstenliebe gegeben ist, so glauben wir dieser Gegebenheit. Erst hinterher kommt der Zweifel; erst hinterher fragen wir uns, ob wir uns getäuscht haben. Wie wir alles als das hinnehmen, als was es sich gibt (Husserl), so auch die Realität.

Wie kommen wir jedoch zu diesem Zweifel? Wir wissen, daß in anderen Fällen, in denen die Realitätsgegebenheit ebenso aussieht wie im jetzt gerade vorliegenden Fall, die Gegebenheit sich als Täuschung, Halluzination, Traum herausstellte, und so müssen wir die Möglichkeit offen lassen, daß auch die jetzt vorliegende Realitätsgegebenheit Täuschung, Halluzination, Traum ist. Zwei verschiedene Schlüsse pflegen aus dem Vorhandensein von Täuschung usw. gezogen zu werden, von denen der eine berechtigt, der andere unberechtigt ist. Der berechtigte lautet: weil vielerlei Täuschung ist, was sich unmittelbar als real darstellt, so mag auch im vorliegenden Falle einer Realitätsgegebenheit Täuschung vorliegen. Dagegen ist der Schluß falsch: weil vielerlei Täuschung (Traum, Halluzination) ist, mag *alles* Täuschung (Traum, Halluzination) sein. Denn es kann jegliches als real Gegebenes (die gesehene Scheibe des Mondes) nur als Täuschung erwiesen werden, indem man eine andere, besser beglaubigte Realität (den Mond als riesigen Himmelskörper) an dessen Stelle setzt. Soll eine Realität sich als Täuschung erweisen, so bedarf es des Widerstandes einer Realität, die fester ist als sie. *Realität kann nur durch Realität widerlegt werden.* Deshalb kann zwar beliebig vieles Einzelne Täuschung, Traum, Halluzination sein, niemals aber die Realität als

Ganzes: die Verallgemeinerung von vielen Realitätstäuschungen dahin, daß alles Täuschung sei, ist falsch, weil sie die Voraussetzung aufhebt unter der allein etwas als Täuschung erwiesen werden kann. Jener Vergleich Kants von der Taube, die glaubt, im luftleeren Raum besser fliegen zu können, und übersieht, daß der Widerstand der Luft allein ihren Flug ermöglicht, trifft auch hier zu.

Nach der Widerlegungsmethode fällt also demjenigen, der eine Realitätsgegebenheit als Täuschung ansieht, die Beweislast zu, nicht demjenigen, der sie behauptet. Allein der Zweifelnde kann diese Beweislast nicht tragen, wenn er behauptet, daß alles Täuschung, Traum, Halluzination sei. – Es geht beim Versuch der Prüfung der Berechtigung des Anspruchs der Realitätsgegebenheit wie bei vielen Problemen, die die Wissenschaft lange beschäftigt haben (Beweis des Parallelenaxioms, Quadratur des Kreises, Perpetuum mobile). Wenn der Beweis nicht gelingt, so gelingt doch das Umgekehrte: der Nachweis, daß der Beweis nicht gelingen *kann*. So auch hier: es läßt sich zeigen, daß die Nachweismethode nicht zum Ziele führen kann, weil sie prinzipiell in der Subjektivität beschlossen bleibt. Es läßt sich zeigen, daß ebensowenig die Realität als Ganzes widerlegt werden kann. Wir müssen vielmehr der Realitätsgegebenheit in jedem einzelnen Falle so lange vertrauen, bis dieser einzelne Fall widerlegt ist. Dies ist auch der Weg, den Herr Hartmann bei den transzendent-emotionalen Akten einschlägt während er an die

Erkenntnisakte mit der viel weiter gehenden Forderung des Nachweises ihrer Transzendenz herangetreten war.

Heinz Heimsoeth, Königsberg[5]

1. Die Wendung der Gegenwartsphilosophie zum erkenntnistheoretischen Realismus und zur Wiederaufnahme ontologischer Fragestellungen ist eine unvermeidliche Konsequenz ihrer geschichtlichen Lage. Die idealistischen Theorien und Denkweisen der vergangenen Generationen stammen, in allen ihren Richtungen und Schattierungen, ab von den klassischen Systemen des neuzeitlichen Idealismus von Berkeley bis Hegel. In allen diesen Systemen aber stehen die realitätauflösenden Argumente der Skepsis, des Satzes des Bewußtseins, der Ding-an-sich-Kritik usw. im *Dienste einer positiven Realitätssetzung*. Das Sein der »Außenwelt« wird erkenntnistheoretisch relativiert, um anderes, von der materiellen Außenwelt und ihren Kategorien gewöhnlich überdecktes, vergewaltigtes Sein für den philosophischen Blick sichtbar und vordringlich zu machen: spirituale, immaterielle Realität – die nicht »Bewußtsein« ist, sondern Ansichsein, von dem und auf dessen Basis das Bewußtsein selber lebt. Der erkenntnistheoretische »Idealismus« und die »Kritik« am »Sein« (im gewöhnlichen Verstande), am »Realen« (der

---

[5] [Heinz Heimsoeth: 1886-1975, Philosoph; 1931: Professor an der Universität Königsberg; im selben Jahr Wechsel an die Universität Köln.]

Körperwelt), an der Bewußtseins-Transzendenz der Dinge steht im Dienste einer Ontologie des Geistigen. Das gilt für Kant genauso wie für Berkeley oder Fichte! Der Realitätsakzent verlagert sich. »Bewußtsein«, das »Ideelle« im strengen Sinne der Erkenntnistheorie ist dabei immer nur Ausgang und Vermittlung.

2. Diese spirituale Realität ist den »idealistischen« Systemen vor allem gegeben in »emotional-transzendenten« Akten (um hier den Terminus des Vortrags aufzunehmen); die Erkenntnisbeziehungen zu ihr ruhen selbst auf vor- und überintellektuellen Lebenszusammenhängen und Daseinsgegebenheiten (eindringlich betont z.B. bei Kant und Fichte!). Aber: das Schwergewicht dieser Realität wird (gemäß den religiösen und religionsmetaphysischen Traditionen) gesucht im Wirklichkeits-Transzendenten, »Übersinnlichen«, Metaphysischen. Und: die besonderen Erlebnis- und Erkenntnisweisen, in denen mir mein Ich oder meine »Seele« (als innere Realität), die geistige Mitwelt (die anderen »Seelen«), der geistige Lebenszusammenhang (die »intelligible Welt«) und deren absoluter Realitätsgrund gegeben sind oder sein sollen, werden nicht, oder nur sehr sporadisch, in ihrer Eigenart beschrieben, sowie nach ihrer spezifischen Fähigkeit, Realität wirklich auszuweisen, untersucht. Beides hängt eng zusammen; in beiden Richtungen stellt uns die heutige weltanschauliche und wissenschaftliche Situation vor neue Aufgaben.

3. Der »Idealismus« der letzten Generationen ließ mit der Welttranszendenz jener metaphysischen Systeme auch die positive Realitätstendenz fallen; die rea-

litätauflösenden Argumente aber behielt er bei und dog- matisierte sie, in dem er zugleich die Erkenntnis von Wirklichkeit und Leben abtrennte und Erkenntnistheo- rie zur einzig »voraussetzungslosen« Wissenschaft sta- tuierte. Alles Reale wird zurückbezogen auf ein »Be- wußtsein überhaupt«, ein »Denken« (oder auf »Empfin- dungen« usw.) von völlig ungeklärtem Seinscharakter! Kants Umdrehung der Ontologie in »transzendentale Logik« wird beibehalten, während doch die Realitätsvo- raussetzungen dieses Ansatzes verlassen und vergessen waren, - sie wird damit dogmatisiert und zum notwen- digen Standpunkt einer erkenntnistheoretischen Besin- nung gestempelt. Der neue Standpunkt aber (in welcher Schattierung auch immer) leidet an unüberwindlichen Schwierigkeiten schon innerhalb der bloß erkenntnis- theoretischen Betrachtungen; - notwendige Folge der Verselbständigung und Isolierung jener Argumente.

4. Dieser ganze Standpunkt blieb nur möglich, so- lange die Philosophie von den Fragen der Realität, der »sinnlichen« so gut wie aller »übersinnlichen«, desinte- ressiert sich abwandte. (Philosophie als Erkenntnisthe- orie, Logik, Wissenschaftslehre usw.) Die bloße Wieder- zuwendung zu inhaltlichen Problemen der Naturphiloso- phie und Geschichtsphilosophie, der Philosophie vom Menschen oder von der Gesellschaft (anstatt bloßer me- thodologischer Fragestellungen an die den Wirklich- keitsbereichen zugeordneten Einzelwissenschaften), wie sie die gegenwärtige philosophische Situation vor allem kennzeichnet, entwertet jene »erkenntnistheore- tischen« Argumentationen und bringt ihre Undurch-

führbarkeit ans Licht. Die Aufgabe neuer kritischer Erforschung aller Realitätsgegebenheiten und Realitätszeugnisse steht vor uns. Hier hat der Vortragende eingesetzt.

5. Zweierlei wird dafür erfordert. Einmal: wie auch die Realitäten abgegrenzt und gegeneinander abgewogen werden mögen – im Kern muß uns zunächst unsere diesseitige endliche Wirklichkeit, die Welt der natürlichen und geschichtlichen Erfahrung stehen. Mit Fichte und Hegel beginnt die Absicht der Philosophie, auch die »geistige« Realität nicht primär als das »Übersinnliche« eines Gottesreichs, sondern als zeitliche, menschlich-gesellschaftlich-geschichtliche Wirklichkeit zu fassen. In dieser Absicht hat *Dilthey* das Realitätsproblem im neuen Sinne aufgerollt, indem er die emotionale Realitätsgegebenheit der menschlichen Mitwelt ohne metaphysische Hintergründe zu erforschen und zugleich mit den Realitätsausweisen der Ding-Erfahrung zusammenzubringen suchte. In diese Richtung führen die »realistischen« und ontologischen Aufgaben der Gegenwart – gerade auch in der Fassung von N. Hartmann. Die zweite Forderung ist die nach Realitätsaufweisen und -ausweisungen mit möglichster Abstreifung von vornherein bestimmter weltanschaulicher Tendenzen! Die »Ontologie«-Ansätze der jüngeren Phänomenologie (besonders M. Heideggers!) erscheinen mir, im Ansatz selbst und in jedem Schritte der Durchführung, zu sehr gebunden an bestimmte, weltanschauliche (zuletzt religiöse) Daseinshaltungen. Dagegen sind die Analysen des Vortragenden (entgegen der Einwände Dessoirs) wirkliche De-

skriptionen von Grundakten menschlicher Realitätserfahrungen, die unter allen Umständen unser Leben tragen und bestimmen. Daß der Mensch selbst hierbei in eine »passivistische« (M. Dessoir) Beleuchtung kommt, liegt an der Aufgabe: nur die Realität verbürgenden Akte aus der Gesamtheit des Erlebens herauszuheben. Gerade in der weltanschaulichen Unvoreingenommenheit der vorgetragenen Analysen sehe ich eins ihrer besonderen Verdienste.

Julius Stenzel, Kiel[6]

Der Vortrag hat das *Ziel* der Wendung mit großer Eindringlichkeit bezeichnet, ließ aber die Ausgangsstellung, die durch Kant inaugurierte kritische Transzendentalphilosophie und damit die *Wendung* selbst als einen geschichtlichen Vorgang zurücktreten. Wenn hieran einige Bemerkungen angeknüpft werden, so geschieht dies deshalb, weil hierbei zugleich zwei systematische Schwierigkeiten zur Sprache kommen und vielleicht durch die Beantwortung einiger ergänzender Fragen aufgehellt werden können.

Nicht klar erschien mir einmal das Verhältnis der hier bezeichneten Ontologie und des auf ihrem Boden möglichen, sichtlich sehr weitgefaßten Erkenntnisbegriffes (Erkenntnis ohne Urteile!) zur Philosophie als

---

[6] [Julius Stenzel: 1883-1935, Philologe und Philosoph; 1931: Professor an der Universität Kiel.]

Wissenschaft und zur Wissenschaft überhaupt, ferner wurde innerhalb dieser Wendung der Subjektsbegriff nicht deutlich; und doch ist es klar, daß nur von einem ganz bestimmten Subjektsbegriff aus überhaupt sinnvoll die Frage nach der Wirklichkeit oder Nichtwirklichkeit des Bewußtseinsgegenstandes gestellt werden kann, während ein anderer den Zweifel an ihrer Realität von vornherein ausschließt. Für Kant und die an ihm orientierte Philosophie fällt die Frage nach der Wirklichkeit der Welt weithin zusammen mit der nach ihrer wissenschaftlichen Erkennbarkeit, und deshalb ist das den Zusammenhang der Erscheinungen - zunächst der Natur - transzendental apperzipierende Bewußtsein die Quelle des Kategoriensystems und der Realitätsgewißheit. Wenn auch Kant und noch mehr seine Nachfolger stets den gesamten Kulturbereich mit ihren Begriffen umspannen wollten, so erfolgt doch die eigentliche wissenschaftliche Durchdringung der außerhalb der Grenzen naturwissenschaftlicher Begriffsbildung liegenden Gebiete erst im Laufe des 19. Jahrhunderts, also *nach* den großen idealistischen Systemen, und ursprünglich sogar in einem undankbaren Gegensatz zu ihnen.

Nun ist es das Los der Philosophie, erst ganz allmählich bei einer Ausweitung ihres Gegenstandsbereiches die den neuen Gebieten spezifisch zugeordneten Begriffe zu finden, zunächst aber mit dem alten, auf den andern Gebieten bewährten Begriffsapparat weiter zu arbeiten (vgl. den Marburger Kritizismus). Mir scheint nun die neue Wendung der Philosophie wesentlich eine Hinwendung zur geschichtlich-menschlichen Wirklichkeit zu sein und damit eine Anpassung ihres Begriffsapparates an die »Kritik der historischen Vernunft«, um Diltheys Formel aufzugreifen; erinnerte doch nicht zufällig auch in dem heutigen Vortrage vieles an Dilthey: »Vom Ursprung des Glaubens an die Realität der Außenwelt und seinem Recht«. Von hier aus fällt auf die beiden Probleme der Wissenschaftsnähe oder -ferne und des Bewußtseinssubjektes sofort einiges Licht. Denn wenn die Philosophie auch in ihrem Ringen um die »Geschichtlichkeit« alles Seienden sich nun bei den geschichtlichen Wissenschaften Rat holte wie einst Kant bei Mathematik und Naturwissenschaft, so würde ihr - vielleicht zu ihrem Glück - keine so einfache Antwort werden. Denn der geschichtliche Gegenstand ist so eng mit den allgemeineren Verhaltungs- und Seinsweisen des Menschen überhaupt verwoben, der wissenschaftliche Begriffsapparat der Historie - in allen ihren Teilgebieten einschließlich der Philologien - so verwickelt und mehr in der rational nicht bewußten Tätigkeit des Forschers und Darstellers als in irgendeiner Methodologie bisher aufgehoben, daß die Philosophie zwar gewisse Aufgaben und Termini von der geschichtlichen Wissenschaft erhält, wie Verstehen, Hermeneutik, Sinndeutung, aber deren Analyse durchaus als ihre eigene Aufgabe betrachten darf; sie fragt nicht: wie ist Geschichte, Philologie usw. »möglich«, weil sie im konkreten, leiblich und geistig in Zeit und Raum existierenden Menschen ihren eigenen Gegenstand sehen will und darf.

Damit ist aber bereits die zweite Frage berührt; welche Wandlung des Subjektsbegriffes ist in jener Wendung zum Realismus und zur Ontologie involviert? Eben jener *Gegenstand* der geschichtlichen Betrachtung wird nämlich zugleich auch ihr Subjekt, und dieses Verhältnis greift naturgemäß auch auf die Philosophie über: nicht mehr steht dem reinen oder sonst wie definierten Bewußtsein ein von ihm wesensmäßig verschiedener methodisch bestimmter oder gar »erzeugter« und darum auch von ihm bezweifelbarer Gegenstand gegenüber, sondern unter dem allumfassenden geschichtlich-kulturellen Aspekt kann kein Subjekt vor den anderen einen Seinsvorrang, höchstens einen *Wert*vorrang, beanspruchen. Vielmehr erfährt auch das philosophierende Subjekt sich selbst erst in allen denjenigen Beziehungen des Widerstandes, der Förderung oder Hemmung, die die phänomenologischen Analysen des Vortrags eindrucksvoll ausführten. Es schien, als ob hier neue Begriffe von Spontaneität und Rezeptivität, Freiheit und Schicksal, Leiden und Tun gesucht würden, von denen aus sich die neuen Wirklichkeits- und Wirkensbereiche kategorial bestimmen lassen. Wie nötig aber eine ausdrückliche Klärung des philosophischen Subjektsbegriffes auch hier auf dem Boden der Phänomenologie ist, zeigt die neueste Wendung der Phänomenologie Husserls, die im Begriff der »transzendental gereinigten Subjektivität« das Problem der »Klammer« und der »Reduktion« aufs schärfste zuspitzt und Descartes' Zweifelssituation wieder aufgreift. Herr Heimsoeth hat bereits auf die Beziehungen des Vortrags zu der Fundamentalontologie Heideggers hingewiesen. Daß im Grunde etwas anderes intendiert ist, ist jedem Hörer deutlich geworden. Der entscheidende Unterschied schien mir in diesem Vortrag die Abwehr jeder religiösen Gesamtorientierung des neuen Realismus und die ausdrückliche Hinwendung zu der kategorialen Analyse und Beschreibung der verschiedenen emotionalen Verhaltungsweisen. Demnach tritt bei diesem Realismus dem von Kierkegaard herrührenden Einschlag der Fundamentalontologie, der Metaphysik des Todes, ganz im Sinne Husserls, ein ausführliches deskriptives wissenschaftliches Arbeitsprogramm gegenüber, inhaltlich freilich von den eben erwähnten transzendentalen Motiven Husserls (siehe besonders Nachwort zur englischen Ausgabe der »Ideen [zu einer reinen Phänomenologie und phänomenologischen Philosophie]«) gänzlich verschieden und vielleicht sogar vom Gegensatz zu ihnen mitbestimmt. Nun gewinnt aber Heidegger von seinem religiös metaphysischen Ansatz her die Möglichkeit, wenigstens grundsätzlich in allen menschlichen Verhaltungsweisen echtes, eigentliches Verhalten vom Gegenteil zu unterscheiden. Gerade wenn die Realitätsgewißheit auf emotional-transzendente Akte in der Sphäre der unmittelbar erfahrenen Gesinnung des andern, den Rückwirkungen meiner Gesinnung andern gegenüber auf mich selbst begründet werden soll oder diese Akte auch nur eine bevorzugte Stellung bei der Realitätsgewißheit erhalten, so muß die für jede Aktphänomenologie einschneidende Frage gestellt werden, wie sich echte Realitätsgewißheit von *vermeintlicher* unterscheidet, die doch z.B. bei den Akten des Vorbetroffenseins jederzeit möglich ist. Deshalb sprach ja der Vortrag von *echten* und unechten Erlebnissen dieser Art und mußte es tun. Wie kann den hier möglichen ganz neuen Gefahren eines Psychologismus bzw. Subjektivismus begegnet, wie Doxa und Aletheia unterschieden werden? Ist dies möglich, ohne die geschichtliche Linie weiterzuführen, die seit Descartes, Kant (einzig möglicher Beweisgrund) das metaphysische Realitätsproblem wenigstens an die *Grenze* des Religiösen heranführt? Oder was tritt an die Stelle der religiös orientierten Scheidung der eigentlichen und uneigentlichen Realitätsgewißheit im Bereich des Emotionalen, wenn diesem der Primat der praktischen Vernunft neu überantwortet wird? Was ist für das heutige Bewußtsein die Idee des Guten, das ἐπέκεινα τῆς οὐσίας [jenseits des Seins]?

Emil Utitz, Halle[7]

Vor vier Jahren durfte ich an dieser Stätte den Kongreß für Ästhetik und allgemeine Kunstwissenschaft mit einem Vortrage über den neuen Realismus beschließen. Umso freudiger kann ich heute die Ausführungen unseres Hauptredners begrüßen. Es liegt mir fern, in eine kritische Auseinandersetzung einzutreten; ich will vielmehr - wenn auch nur sehr skizzenhaft - zu zeigen ver-

---

[7] [Emil Utitz: 1883-1956, Philosoph; 1931: Professor an der Universität Halle.]

74

suchen, wie sich die gleiche Wendung auf einem ganz anderen Gebiete vollzogen hat, bzw. vollzieht: nämlich auf dem Gebiete der Kunst; wohlgemerkt: der Kunst; nicht etwa der Wissenschaft von der Kunst.

Der künstlerische Realismus des 19. Jahrhunderts zielte auf die Wirklichkeit des Sinnlichen. Eine andere erkannte er nicht an. Als objektiver Naturalismus buchstabierte er gleichsam die optische Erscheinung, überzeugt von der Unerschöpflichkeit sinnlicher Welt. Als Impressionismus trachtete er den augenblicklichen Gesamteindruck zu erfassen. Nur diese Kurzschrift gab ihm Wirklichkeit, alles andere dünkte ihm als ihre erstarrende Vereisung, als Verfälschung ihres Wesens, das er in Bewegung, Geschehen, Veränderung erblickte. Gegen diese ganzen Voraussetzungen wandte sich der Expressionismus: sinnliche »Wirklichkeit« ist nur Schein, nur Oberfläche, nur Haut; nicht Kern, nicht das Eigentliche und Entscheidende. Nach der einen Richtung hin sucht er die Wirklichkeit im anschaulichen Gesetz, das den sinnlichen Gestaltwandel erst möglich macht. Und da das strengste Gesetz das mathematische ist, landet diese Strömung notwendig beim Kubismus. Die zweite aber verankert sich im Inneren, in Leidenschaft und Gefühl, Ekstase und Rausch. Von hier aus empfängt die Erscheinung ihre Prägung. Das Wahrnehmbare wird für den Expressionismus zum Gleichnis, dessen Sinn in »tieferen« Schichten ruht. Sie beglaubigen den Vorstoß zur wahren Wirklichkeit.

Allein: Impressionismus und Expressionismus werden in gleicher Weise dem neuen Realismus bedenklich:

steht vor mir ein hölzerner Würfel; so deckt sich seine Wirklichkeit weder mit seiner Erscheinung, mag sie in allen Einzelheiten wiedergegeben sein oder in ihrem augenblicklichen Eindruck, noch auch mit der Gesetzlichkeit des Würfelhaften oder der Ausdruckskraft herrschender Regelmäßigkeit. Der Sinn für das Tatsächliche erwacht wieder, doch dieses Tatsächliche hat ein anderes Antlitz als das Faktum eines naturwissenschaftlichen Lebensgefühls. Es ist seltsam geheimnisvoll in seiner unverrückbaren Leiblichkeit, rational und irrational zugleich. Es »ist«, und diese unscheinbare Banalität des »Seins«, des echten, in sich gründenden Seins, sie wird zum Zeichen der Zeit. Man erfülle sich einmal mit der Bewußtheit um dieses »Sein«, mit einer Bewußtheit, die noch nicht philosophisch durchwebt ist, dichterisch erhöht oder sonst wie umgedeutet; und man greift an die Wurzel dieser nachexpressionistischen Wirklichkeit.

In breiter Front erfolgt daher ein Zurückfluten zum alten Naturalismus, ermattet von den Höhenflügen des Expressionismus, enttäuscht und ungläubig. So mangelt diesem Naturalismus durchaus Schwung und Kraft des Früheren; er wirkt als ein Sich-fallen-lassen. Hier schweigen Wagemut und neues Wollen.

Allein dort regen sie sich, wo Anschluß gesucht wird an die glorreiche Überlieferung abendländischer Klassik. Seinsstufen und Wertstufen stimmen miteinander überein. Vollendetes Sein erstrahlt im Lichte vollendeten Wertes und damit in dem der Schönheit. Um echte Seinsvollendung, um so geläuterte und gereinigte, ringt die Kunst. Wenn Goethe in Italien – um ein von Wölfflin geliebtes Beispiel hier zu erwähnen – einen Seestern und einen antiken Tempel mit den gleichen Worten begrüßt: »So ganz, so seiend!« spricht sich darin dieses Lebensgefühl aus. Wir finden es in den Werken eines Maillol[8] oder – um einen uns sehr nahen Fall heranzuziehen – in den Arbeiten unseres Mitgliedes Gottfried Graf[9] von der Stuttgarter Kunstakademie.

Aber diese harmonisch-beglückende Wirklichkeit erscheint denen untragbar, die hart und schwer betroffen sind von den ganzen brennenden Konflikten des Seins. Das Sinnliche in seiner wuchtenden Dämonie hat sich viel zu tief eingekerbt, als daß seine Problematik leicht genommen werden könnte. Die beseligende Erlösung jenes rein klassischen Seins dünkt gleich einem Traum vom verlorenen Paradies. Man sieht das Erdgebundene, Bodenständige, Stoffschwere, allein nicht bloß in seiner Erscheinung, vielmehr in seiner Vollwirklichkeit, das »Wunderbare« in ihm, nicht hinter ihm oder über ihm. Wenn Herr Hartmann das Stärkersein der niederen Kategorien so eindringlich betont, hier trifft es in vollem Maße zu. Und damit ergibt sich die ungeheuere Problematik dieser Kunst mit all ihren Spannungen und Härten, mit ihrer materiellen Verwurzelung und ihrem Loten nach dem Geistigen, mit ihrem grob stofflichen Ansatz und ihrem Griff nach dem Unendlichen. Suchen wir nach Zeugen in der Vergangen-

---

[8] [Aristide Maillol (1861-1944): französischer Bildhauer, Maler und Grafiker.]
[9] [Gottfried Graf (1881-1938): deutscher Maler und Holzschneider.]

heit, tauchen die erhabenen Welten Bambergs und Naumburgs auf; und aus der Gegenwart grüßen uns unter anderem die Werke Barlachs oder die von Gerhard Marcks, den wir in Halle zu besitzen so stolz sind, sowie zahlreiche Bauten unserer Zeit.

Ich habe nun diese mehr als flüchtigen Linien (vgl. mein Buch: »Die Überwindung des Expressionismus« 1927) nicht etwa darum gezogen, um zu zeigen, daß die gleichlaufenden Bewegungen in Philosophie und Kunst nur Ausdruck unserer gegenwärtigen Lebensbewegtheit sind, Momente innerhalb ihrer grandiosen Physiognomik. Ein solcher Relativismus liegt mir durchaus fern. Wohl aber bin ich davon überzeugt, daß nur von einer bestimmten historischen Situation aus, nur von einer bestimmten kulturell-personalen Lage her jene ganz sachhaltigen und objektiven Probleme überhaupt faßbar werden, daß nur von diesem Zeitlichen und Bedingten der Absprung ins Zeitlose und Unbedingte in dem hier charakterisierten Sinne möglich wird. Zur Aufdeckung und Aufweisung jenes Standortes scheint die Kunst mit in erster Linie berufen. Und damit darf ich mit nochmaligem Danke an den Vortragenden schließen.

Narziß Ach, Göttingen[10,11]

Das Erfassen der Wirklichkeit, das Transzendieren, das wir in und durch das Wahrnehmen erleben, ist nur durch eine besondere Anlage unserer wahrnehmenden Organe möglich und bildet einen Sonderfall des Kompensationsprinzips der Identität, das für das Zustandekommen der Wahrnehmung, die wir erleben, stets mindestens zwei Einwirkungen erfordert. Die körperliche Grundlage hierfür liegt in der Zweiheit des Aufbaues unseres gesamten Nervensystems.

Theodor Litt, Leipzig[12]

Die Erwartung, daß diese Diskussion sich zu einer Gigantomachie des Idealismus und des Realismus ausgestalten werde, ist durch den bisherigen Verlauf nicht erfüllt worden; denn die idealistische Seite ist einstweilen – von einer Respektsverbeugung vor dem Geiste Kants abgesehen – stumm geblieben. Und doch will es mir scheinen, daß gewisse Ausführungen von Herrn Hartmann eine Gegenrede aus dem Geiste Kants herausfor-

---

[10] [Narziß Ach: 1871-1946, Psychologe.]
[11] Die folgenden Zeilen deuten nur an, was den Inhalt eines ausführlichen und gehaltreichen Referats von etwa 20 Minuten Dauer bildete. Anm. d. Herausgeber [Paul Menzer und Arthur Liebert].
[12] [Theodor Litt: 1880-1962, Philosoph und Pädagoge; 1931: Professor an der Universität Kiel.]

dern. Es sieht bei ihm wie auch bei anderen Ontologen so aus, als ob die »Gnoseologie« in die »Ontologie« aufgehen solle: die Erkenntnisrelation ist ein »Seinsverhältnis« neben anderen, unter anderen, ja sie ist sogar »ontisch sekundär«, sie trägt die in ihr enthaltene Realitätsgewißheit von anderen, nicht erkennenden Akten zu Lehen. Darin liegt unfraglich eine *Entwertung* des erkennenden Verhaltens, und entsprechend büßt auch die »Erkenntnistheorie« an Selbständigkeit und Bedeutung ein. Dem möchte ich nun die These entgegenstellen, daß durch die Ausführungen von Herrn Hartmann die erkenntnistheoretische Problematik nur an eine andere Stelle verlagert, nicht aber zugunsten der Ontologie abgeschwächt oder mediatisiert wird. Denn mit unvermindertem Schwergewicht erhebt sich gegenüber seinen Darlegungen die Frage, wie es denn um die Geltung, den Wahrheitsgehalt, die logische Tragweite *derjenigen* Aussagen bestellt sei, in denen er, der ontologische Denker, das Wesen der »emotional-transzendenten Akte«, ihre Einfügung in das Ganze des menschlichen Wesens und des Seins überhaupt, ihre Bedeutung für die Erfassung der Realität zu bestimmen sucht. Soll sich etwa jene Entwertung, der das Erkennen verfällt, auch auf diese seine *eigenen* »Erkenntnisse« erstrecken? Oder muß nicht vielmehr ihre Geltung durch die gründlichste erkenntnistheoretische Reflexion gegen jeden Zweifel solcher Art gesichert werden? Liegt nicht im Sinn dieser seiner Aussagen der Anspruch auf eine Geltung, die von allen Einschränkungen und Zurückführungen jener Art nichts weiß? Denn dies könnte doch nicht ernstlich versucht werden, die Gewißheit bezüglich des Wesens der »emotional-transzendenten« Akte abermals auf emotional-transzendente Akte zu gründen. Es scheint mir also, daß die Auflösung der »Gnoseologie« in die »Ontologie«, an denjenigen Erkenntnisakten ihre Grenze findet, in denen die Notwendigkeit dieser Auflösung behauptet wird. Wenn auch *diese* Akte nichts weiter sind als »ontisch sekundäre« Geschehnisse wie andere auch, was wird aus dem Wahrheitsanspruch, mit dem ihr Inhalt auftritt!

Daraus scheint sich zu ergeben, daß Kants »kritische« Fragestellung durch die ontologische Wendung nichts an grundsätzlicher Bedeutung eingebüßt hat. Die Erkenntnisleistung des Ontologen selber fordert eine »Rechenschaftsablage«, und diese kann nicht durchgeführt werden, ohne daß die Auflösung der Gnoseologie in die Ontologie am entscheidenden Punkte fraglich würde.

Diese Rechenschaftsablage aber müßte an der zu prüfenden Erkenntnisleistung vor allem *eine* Eigenschaft sicherstellen, der Herr Hartmann gleichfalls keine sonderliche Wichtigkeit beizumessen schien. Sein ontologisch fundierter Erkenntnisbegriff macht keinen grundsätzlichen Unterschied zwischen der logisch vollkommenen Form der Erkenntnis, wie sie in den Begriffen, Urteilen und Urteilskomplexen der Wissenschaft vorliegt, und den schlichten Formen der Gegenstandserfassung, die die menschliche Alltagserfahrung begründen. Wenn aber die Erkenntnisleistung des Ontologen in Frage steht, dann gewinnt dieser Unterschied erheblichste Bedeutung. Denn seine Lehre, die jene Unterscheidung für nebensächlich erklärt, kann nur dann Zustimmung fordern, wenn sie sich selbst in der Form der strengsten Begrifflichkeit auf- und ausbaut, mithin von den naiven Formen der Alltagserfahrung aufs deutlichste scheidet. Auch insofern liegt hier ein »Erkenntnis«begriff vor, der kraft des ihm innewohnenden Geltungsanspruchs jede Auflösung in anderweitige »Seinsverhältnisse« (von denen die vorwissenschaftlichen Erkenntnisformen einen Teil bilden) abweist.

Bis zu diesem Punkte könnten meine Ausführungen, mit ihrem Zurückgreifen auf die Prinzipien der Transzendentalphilosophie, »reaktionär« klingen. Auf der anderen Seite aber will es mir scheinen, als ob Herr Hartmann noch allzu sehr in überlieferten Vorstellungen befangen bliebe, die sehr viel radikaler abgeschüttelt werden müßten. Wenn er die Realitätsgewißheit nicht mehr auf *erkennende*, sondern auf *emotionale* Akte zurückführt, so scheint damit jene Denkart überwunden, die das, zunächst isoliert gedachte, Subjekt sich auf Grund bestimmter Operationen des erkennenden Verstandes in eine »außerhalb« seiner liegende Wirklichkeit vortasten läßt; überwunden scheint zugleich die darin liegende Prävalenz der »innern« Erfahrung vor der »Außenwelt«erfahrung. Aber diese Überwindung bleibt auf halbem Wege stehen. Denn einmal bleibt die »innere« Welt, in der doch die emotionalen Akte ihre Stätte haben, auch hier die unangezweifelte *Voraussetzung* des Gedankengangs: auch hier wird nur gefragt, wie das Subjekt von diesem Innen her den Zugang zu dem »außerhalb« seiner Liegenden finden könne. Zweitens aber behauptet sich die Annahme einer ursprünglichen Abgeschlossenheit des Subjekterlebens, bleibt es bei der Auffassung, daß das Ich wie früher seine Denkakte, so jetzt seine emotionalen Akte zunächst einmal als reines *Innengeschehen* »für sich« erlebe und *dann erst* von innen her zu einem »außerhalb« des Subjekts Liegenden »übersteige«. Wenn es in dem Vortrage hieß, daß »der Akt den Phänomencharakter *überschreitet*«, so liegt darin ausgesprochen, daß das »Phänomen« zunächst einmal »innerhalb« des Subjekts liegt und erst nachträglich in der Richtung auf ein Jenseitiges transzendiert wird, womöglich in der Form eines »*Schlusses* (!) auf die Realität der emotional-transzendenten Gegebenheit«. Ich halte diese Darstellung für phänomenologisch falsch; sie entspringt nicht der unbefangenen Analyse des Erlebnisses, zumal des emotionalen Welterlebnisses, sondern einer Konstruktion, die in den Befund hineinträgt, was er angeblich enthalten »muß«. Im Erlebnis *findet* sich der Mensch schon recht eigentlich »in der Welt«; er hat es nicht nötig, von ihm aus erst zur Welt »überzusteigen«. In der begrifflichen Analyse gerade dieser Weltsituation des konkreten Menschen hat die Ontologie eine ihrer wesentlichsten Aufgaben.

Daß die Ontologie, wenn sie das Subjekt zunächst in den Bannkreis seiner Einzelexistenz, ja sogar seiner *Momentan*existenz eingeschlossen glaubt, wesentliche Grundmotive des Seins verfehlt, möchte ich an der Behandlung dreier Grundprobleme andeutungsweise zeigen: der Mitmensch, die Zeit, die Geschichte:

1. Der Mitmensch hat nicht seine Wirklichkeit »für sich«, unabhängig von mir, so daß ich zu ihm »hinübersteigen« müßte, um seiner kundig zu werden. Er ist das, was er ist, nur vermöge seiner ursprünglichen lebendigen Verbundenheit mit einem weiteren Daseinskreise, der auch mich umschließt. Daß ich mich ihm mit bestimmten Akten unmittelbar zuwende, wird überhaupt nur möglich auf Grund dieser bereits bestehenden Verbundenheit; in diesen Akten hebt sie sich nur zu höherer Bewußtheit empor und gewinnt sie an Klarheit und Gliederung. Das menschliche Füreinander weiß nichts von monadischer Abgeschlossenheit des Seins.

2. Ich bin nicht in die Punktualität meines *Jetzt* so eingeschlossen, daß ich, um Vergangenheit oder Zukunft in den Blick zu bekommen, erst die Schranken dieses Jetzt »übersteigen« müßte. In jeder erlebten Gegenwart ist ein Vorher und ein Nachher schon ursprünglich mit zugegen.

3. Die Geschichte ist nicht ein unabhängig von mir bestehendes Wirkliches, von dem ich, so wie es ohne Beziehung auf mich war und ist, durch »Transzendieren« meines Ichbezirks Kenntnis erlangte: die Geschichte ist ein Ganzes von lebendiger Bewegung, das von Anbeginn an auch in mir pulsiert; durch sie bin ich, was ich bin; ohne mich wäre sie nicht genau das, was sie ist; und mein Blick auf sie ist nur ein bewußtes Innewerden der schon vorher bestehenden lebendigen Einheit.

Diese Andeutungen zeigen, wie ich mir die Antworten einer Ontologie vorstelle, die, die gnoseologische Rechtfertigung ihrer selbst in ihrer ganzen Schwere anerkennend, die Wesensstruktur des konkreten Seins in allgemeinen Begriffen ausspricht. Sie zeigt, daß die »Realität« nicht ein von meinem Ichbezirk aus zu Erfragendes ist, sondern vielmehr mein konkretes Sein und sein angebliches »Außerhalb« in ursprünglicher Einheit umschließt.

Helmuth Plessner, Köln[13]

Herr Litt sieht bei Hartmann noch eine gewisse Zurückhaltung in der Beurteilung der Realitätsgewißheit der emotionalen Akte. Er betont an diesem Punkte radikaler als Hartmann die unvergleichliche Realitäts*verbundenheit*, in der die betroffene und erschütterte *Person* durch sie das Verwobensein mit einer Welt wirklicher Gewalten durchlebt; will demgegenüber aber die transzendierende Kraft der theoretischen Akte problematischer genommen wissen, um jene prinzipiell nie zu tilgende Möglichkeit völliger Vereinsamung des erkennenden *Subjekts* in den Blick zu bekommen, die den ewigen Anlaß zur erkenntnistheoretischen Prüfung ihrer Trag- und Durchbruchskraft bildet. In der Tat scheint es uns notwendig, in dieser Richtung bis ans Ende zu gehen. Denn es ist fraglich, ob es sich bei den emotional-transzendenten Akten der konkreten Person überhaupt noch um »Akte« handelt, die in irgendeiner Hinsicht dem

---

[13] [Helmuth Plessner: 1892-1985, Philosoph; 1931: Professor an der Universität Köln.]

Erkenntnisakt des Subjekts verwandt sind. Es besteht die Gefahr, daß das aus der Husserl-Schelerschen Phänomenologie übernommene Aktschema über seinen allenfalls legitimen Anwendungsbereich hinaus für Funktionen gebraucht wird, die bei völliger Realität ihrer selbst, ihrer Träger und Angriffspunkte doch nicht eigentlich transzendieren, weil sie in keiner Sphäre spielen, der (wie etwa dem Bewußtsein des erkennenden Subjekts) von sich aus wenigstens die Möglichkeit immanenter Selbstvereinsamung zugehört. Zum Wesen des Aktes gehört Intentionalität, meinende Gerichtetheit auf etwas. Diese eigenartige Abgehobenheit vom Etwas, in der das Meinen spielt, fehlt gerade den emotionalen Betroffenheiten. Ihre unvergleichliche Durchlässigkeit für reale Gewalten spricht gegen ihre Aktnatur. Nur Akten gegenüber hat jedoch die Frage nach ihrer Eignung zur Transzendenz einen Sinn, welche den Überschritt über eine Kluft zwischen ihrer Sphäre und einer anderen Sphäre bedeutet. Diese Kluft ist bei den echten Akten angezeigt in dem meinenden Bezogensein auf..., bzw. in der (gerade auch von Hartmann betonten) Möglichkeit des immanenten Abgeklammertseins gegen die Realsphäre. Bei den emotionalen Betroffenheiten fehlt diese primäre Kluft bzw. die Möglichkeit ihres Gebanntseins in eine subjektive Binnensphäre. Also können sie auch nicht als transzendierende Funktionen angesehen werden. Damit entfällt aber die Möglichkeit, die Realitätsgewißheit der emotionalen Betroffenheiten auf die Erkenntnisakte zu übertragen und durch Berufung auf deren »Transzendenz« ihre Transzendenz zu sichern. Realitätsverwobenheit und -durchdrungenheit ist weder ein Zeugnis für noch gegen Realtranszendenz des Erkenntnisaktes, dessen Sinn es ist, sie zu verlangen oder zu beanspruchen, d.h. haben zu können *oder auch nicht* zu können, und darin jene primäre Distanz von der Wirklichkeit zu bezeugen, die nötig ist, um sie zu überbrücken, d.h. zu transzendieren.

Trotzdem scheint es uns verfehlt, über diesem Einwand (genau wie über dem allgemeinen Einwand gegen die Hartmannsche Argumentation: was dem emotionalen Akt recht ist, muß dem erkennenden Akt billig sein) das Positive an der These zu übersehen. Das steckt in dem Versuch, die traditionelle Basierung der Erkenntnis auf ein primär weltloses und abstraktes Subjekt, ein pures Zentrum transzendentalen Bewußtseins zu überwinden und statt dessen die konkrete Person in den Ansatz auch der Erkenntnisproblematik zu bringen. Mit dieser anthropologischen Wendung wird das Subjekt des Bewußtseins zum Derivat und seine Einbettung in durchgreifenden Seinsbeziehungen von Person zu Person und Welt sichtbar. Hartmann hat sie schon in seiner Metaphysik der Erkenntnis vollzogen, Schelers Verdienst beruht hier in dem Hinweis auf den Erkenntnissinn der emotionalen Funktionen, ihr seinsaufschließendes, seinsentdeckendes Wesen. Ist aber einmal an Stelle des Subjekts und Bewußtseins die konkrete Person (mit Haut und Haaren, nicht nur als Existenz im Sinne Heideggers) Ausgangs- und Blickpunkt der philosophischen Fragestellung geworden, dann hat eine entsprechend erweiterte Transzendenzproblematik nur unter der Bedingung einen Sinn, daß auch für die emotionalen Funktionen gilt, was für die vorstellenden (anschauenden, wahrnehmenden, denkenden) Akte gilt: die Möglichkeit eines Selbstverfangenseins in sich. Bilden sie nicht in ähnlicher Weise wie das kontemplative Bewußtsein eine (freilich durchstoßbare) Binnensphäre, dann haben sie nichts, was sie transzendieren können. Hartmann hat den Nachweis dafür nicht gebracht, setzt es vielmehr, indem er gewisse emotionale Funktionen als Akte anspricht, voraus. Litt dagegen leugnet entschieden eine solche Binnenverfangenheit - wie auch Heidegger - und stellt damit die Möglichkeit ihrer Auswertung im Sinne der Transzendenzproblematik in Abrede. Wir möchten (freilich ohne Übernahme des Aktschemas, welches uns den Tatbestand zu nivellieren scheint) an diesem Punkt gerade Hartmann recht geben, wie wir selbst dann für die gesamte menschliche Position die beständige Möglichkeit der Selbstverfangenheit, d.h. des Realitätsverlustes, als eine zu ihrem Wesen gehörige reale Gefahr behaupten.

H. W. van der Vaart Smit, Zwijndrecht (Holland)[14]

Mit einiger Verwunderung habe ich gehört, wie Herr Prof. Dessoir Prof. Hartmanns Realismus Passivismus nennt, als sei der Mensch nur Beute eines Schicksals, während er doch auch selber Schicksal ist. Ist das rich-

---

[14] [Hendrik W. van der Vaart Smit: 1888-1985, Theologe; 1931: Pastor.]

tig, daß der Realismus Prof. Hartmanns Passivismus ist? Wenn ja, dann kommen wir mit dieser Wendung zur Ontologie bei einem trostlosen Naturalismus an, und dann ist diese neue Strömung ein Rückfall.

Aber ist der Vorwurf berechtigt? Ich glaube nicht. Es ist unmöglich, daß eine nur passivistische, naturalistische Strömung hier überhaupt zahlreichen Diskussionsrednern in diesem Jahrhundert etwas zu sagen geben kann.

Schon darum bin ich geneigt zu meinen, daß Herr Prof. Hartmann keinen Passivismus vertritt, wie stark er auch betont hat, daß das Subjekt im Modus des Betroffenseins steht. Umso weniger kann ich dem Vorwurf zustimmen, weil es nach Prof. Hartmann »Akte« sind, emotionale Akte, welche das Bewußtsein transzendieren und auf Reales führen. Wenn es »Akte« sind, die »transzendieren« und auf Reales »führen«, steckt in diesen Ausdrücken, wenn sie wirklich etwas sagen, ebenso viel Aktivismus als in der angeblichen Wucht des Realen Passivismus steckt. Ich glaube den Theorien des Herrn Prof. Hartmann ebenso viel Aktivismus als Passivismus zuschreiben zu müssen. Aber damit stoße ich auf verschiedene Probleme. Wie ist es zu verstehen – ich greife einen typischen Ausdruck heraus –, wenn der Herr Hauptreferent sagt: Ich kann nur etwas erfahren, wenn mir etwas widerfährt? Bedeutet dies, daß jedes Erlebnis auf Wirkliches führt? Die spiritistischen Erlebnisse sind jedenfalls Erlebnisse. Wird dadurch bewiesen, daß Wirkliches in diesen Erlebnissen uns widerfährt? Das lehne ich ab. Die »Erfahrung« ist nicht der »Beweis«.

Haben wir hier einen naiven Realismus vor uns, der vernachlässigt, was Kant uns gelehrt hat: wie und in welchem Maße das Subjekt produktiv ist? Natürlich nicht; der Name des Herrn Prof. Hartmann verbürgt uns, daß er dies nicht vernachlässigt hat. Aber dann ist der Ausdruck nicht richtig: »Ich kann nur etwas erfahren, wenn mir etwas widerfährt.« Nehmen wir die religiöse »Erfahrung«. Das Seiende in der Religion kann man nur, wenn es Seiendes gibt, mit einem Namen bezeichnen – mit dem Namen Gott. Gibt es real Seiendes in der Religion, so ist der Name des Realen ohne Zweifel und immer Gott. Wird das Sein Gottes durch die Tatsache bewiesen, daß unsere emotionalen Akten auf dieses Reale führen? Und kann man nur etwas Religiöses erfahren, wenn uns etwas Seiendes in der Religion widerfährt? Wird aus der religiösen Erfahrung das Sein Gottes bewiesen? Diese Frage wird man nicht ohne weiteres bejahen. Auch im emotionalen Akt ist die Realitätsgegebenheit eine bestreitbare ebenso wohl als im Erkenntnisakt. Die Probleme sind nur verschoben – verschoben vom Erkenntnisakt zum emotionalen Akt ‑ und sind hier dieselben. – Und sie müssen dieselben sein. Sind sie hier nicht dieselben, so hat man tatsächlich Passivismus und Naturalismus und naiven Realismus. ‑ Aber es sind dieselben Probleme, müssen dieselben sein, eben weil der emotionale Akt im Grunde mit dem Erkenntnisakt sehr viel Ähnlichkeit hat und haben muß. Und man darf nicht zulassen, daß die Probleme vom schaffenden Subjekt dadurch entgleiten, daß man das im Erkenntnisakt schaffende Subjekt mit dem im emotionalen Akt schaffenden Subjekt vertauscht, umso weniger als Herr Prof. Hartmann die Anstellung der ontologischen Überlegung die »Grundlage« aller Erkenntnis nennt, die *philosophia prima*.

Gewiß, ich schenke dieser These gern meinen Beifall; die Anstellung der ontologischen Überlegung ist die *philosophia prima*, die Grundlage aller Erkenntnis. Es muß eine Grundlage der Erkenntnis geben. Etwas muß zuerst sein, muß Grundlage sein; und ich bin geneigt in der Gegebenheit vom Objekt-Subjekt-Verhältnis diese Grundlage zu suchen. Aber dann komme ich doch wieder mit einer anderen Stellung des Herrn Prof. Hartmann in Konflikt. Der Herr Hauptreferent begründet die ontologische Überlegung als die Grundlage aller Erkenntnis im emotional-transzendenten Akt. Aber wie kann er dann die emotional-transzendenten Akte an einer anderen Stelle eine »besondere Gruppe« unserer Akte nennen? Wie kann, logisch geredet, eine »besondere Gruppe« unserer Akte zugleich die »Grundlage« aller Akte sein, und die *philosophia prima* als Ergebnis herbeiführen? Hier liegt eine Unebenheit vor, die nicht zufällig ist; sie deckt auf, daß es sich hier um eine Verschiebung der Probleme handelt, nicht um eine Lösung.

Ich möchte eine Analogie heranziehen. In der Theologie – die immerhin nicht so wertlos ist, daß man ihr nicht ein Beispiel entnehmen könnte – hat man Jahrhunderte hindurch gerungen mit der Frage, welcher zuerst, welcher Grundlage und *philosophia prima* sei, der Vater, der Sohn oder der Hl. Geist. Im Lauf der Jahrhunderte hat man gleichfalls die Probleme oft verschoben;

wenn sich die Probleme unlösbar bei der Lehre des Vaters zeigten, versuchte man es mit der Lehre des Sohnes und danach mit der des Heiligen Geistes. – Und der Schluß war – nicht zufällig –, daß man sich entschloß, die Grundlage, die philosophia prima, nicht in einem der Drei zu suchen, sondern im Wesen der Drei, in der Einheitlichkeit, welche mit keinem der Drei identisch, dennoch in jedem enthalten und allen Dreien gemeinsam sei.

Diese Geschichte vom schaffenden Objekt wiederholt sich in der Philosophie beim schaffenden Subjekt, freilich vorläufig noch nicht mit denselben Schlußfolgerungen. Aber auch in der Lehre vom schaffenden Subjekt ist es unmöglich, entweder den Erkenntnisakt oder den emotional-transzendenten Akt den grundlegenden, welcher die *philosophia prima* ergibt, zu nennen.

Es gibt eine *philosophia prima*. Ich lehne aber ab, sie in den emotional-transzendenten Akten des Subjekts zu begründen. Vielmehr ziehe ich bei weitem die Lösung Kants in seiner Kritik der praktischen Vernunft mit der Theorie der Postulate vor. Ich hoffe, daß eine neue Epoche der Philosophie kommt, in der man den Dualismus der beiden großen Kritiken Kants überwindet, besser als er selber es in seiner dritten großen Kritik erreichte, und die Wesenseinheitlichkeit unseres Denkens, Wollens und Fühlens entdeckt. Aber sicher ist, daß jetzt diese neue Epoche noch nicht da ist – und daß sich die Größe des großen Königsberger Gelehrten Immanuel Kant darin zeigt, daß wir, mehr als ein Jahrhundert nach ihm, noch immer beschäftigt sind mit der Ausarbeitung und Abwägung der Gedanken, die er gegeben hat.

Arthur Liebert, Berlin[15]

Der von Hegel mit so glücklicher Einsicht hervorgehobene Parallelismus zwischen dem allgemeinen Geist einer bestimmten Zeit und ihrer Philosophie erweist sich als gültig auch für die Gegenwart. Dem gesteigerten und emotional vertieften Realitätsbedürfnis, das wir heute aller Orten erwachen sehen, entspricht die Wendung zu einer von vielen und sehr beachtlichen Seiten geforderten und vertretenen Realitätsphilosophie. Die ungewöhnlich bedeutsamen, sehr oft geradezu aufwühlenden Ausführungen unseres Herrn Hauptreferenten ließen die Motive, den Sinn und die wesentlichen Richtungen einer solchen Realitätsphilosophie in überzeugender Eindringlichkeit hervortreten. Dabei war es ebenso bemerkenswert wie begreiflich, daß jene Ausführungen zum Teil direkt und indirekt eine gewisse, mannigfach durchklingende Ablehnung des traditionellen Idealismus in sich schlossen. Zeigt doch die Gegenwart überhaupt die Entstehung einer ganzen Reihe von Abweisungen und Widerlegungsversuchen der idealistischen Philosophie. Diese Bemühungen müßten einmal ihren Voraussetzungen und ihrem Rechte nach mittels einer

---

[15] [Arthur Liebert: 1878-1946, Philosoph; 1931: Professor an der Universität Berlin.]

umfassenden und vorurteilslosen Betrachtung aufgedeckt werden. Was dem Idealismus grundsätzlich zum Vorwurf gemacht wird – ob mit hinlänglichem Grund und Recht, mag im Augenblick dahingestellt bleiben –, das sind sein angebliches Versagen hinsichtlich einer vollen und adäquaten Erfassung der Gesamtwirklichkeit und die ihm zugeschriebene Übervergeistigung und Aushöhlung der Stellung des Menschen in dieser Wirklichkeit. Als habe er diese Erfassung zu einem rein begrifflich-konstruktiven Verhältnis verengt und jene Stellung des Menschen zu einer vorherrschend spirituell-ideellen Beziehung vereinfacht und damit in gewissem Sinne auch entleert. Im Gegensatz oder in Ergänzung dazu strebt die realistische Geisteshaltung danach, wie Nicolai Hartmanns glänzender Vortrag bewies, die ungeheure Schwere des Verhältnisses zwischen dem erkennenden Bewußtsein einerseits und der Realität andererseits in der Stärke eines schicksalsvollen »Betroffenseins« des Menschen durch die Realität zu verankern. In geistiger Beziehung sei, so hörten wir, dieses Betroffensein durch eine bestimmte Form und Gruppe »emotionaler Akte« bedingt, die das Bewußtsein »transzendieren«. Nur diese »emotional-transzendenten Akte« gewähren und verbürgen nach den Darlegungen des Herrn Referenten die Beziehung zum »Realen«, das als solches von der traditionell idealistischen Geisteshaltung nicht erreicht werde. Jene emotional-transzendenten Akte hingegen seien es, die den Boden für eine real-ontologische Erkenntnis bereiten und den Aufbau einer entsprechenden Realontologie sichern. – Den Betrachtungen und Nachweisen unseres Hauptredners kommt nun aus mehreren Gründen eine ganz besondere Bedeutung zu. Sie tragen erstens, und das sage ich im Sinne der Eingangsbemerkungen meines Diskussionsbeitrages, den Zug einer hohen Aktualität und unmittelbaren Zeitgemäßheit. Ferner geben sie anfeuernden Anlaß zu einer ernstesten Prüfung des Geltungsbereiches des Idealismus bezüglich seiner Kraft, einen zwingenden Realitätsbeweis erbringen zu können: sie drängen auf diese Weise geradezu zu einer kritischen Auseinandersetzung mit dem Idealismus. Von besonderer Bedeutung scheinen mir Nicolai Hartmanns Ausführungen aber deshalb zu sein, weil durch sie wieder einmal das philosophische Zentralproblem der *Realität* in den Mittelpunkt der Überlegungen gestellt und die ausschlaggebende Wichtigkeit dieses Problems als einer Ur- und Hauptfrage der Philosophie aufgedeckt worden ist. Nicht zuletzt müssen wir ihm auch dafür nachdrücklich Dank zollen, daß er durch die Betonung der »Transzendenz« der emotionalen Akte auf die aller Erkenntnis immanente *Dialektik* aufmerksam gemacht hat. Denn ohne Zweifel steckt in dem Realitätszeugnis eine solche Dialektik; wird in ihm doch mittels der emotionalen Akte die Zone der bloß logischen Geltung der Erkenntnis »überschritten«. Die eindringliche Hervorhebung und Beleuchtung des dialektischen Momentes der Transzendenz beruht auf einem tiefen und fruchtbaren Einblick in die Zuständigkeit und in die Struktur der philosophischen Erkenntnis. Müssen wir aber darum, so möchte ich fragen, die »idealistischen« Voraussetzungen zugunsten der »realistischen« Auffassung radikal aufgeben? Und können wir sie überhaupt aufgeben, wenn wir die apriorischen Grundlagen nicht aufgeben wollen, auf denen jede mögliche Erkenntnis gründet, also auch oder gerade die Erkenntnis der Realität? Eine Ontologie, die die theoretische Wahrheit ihrer Urteile vorherrschend emotionalen Akten anvertraut, gerät in die Gefahr der Preisgabe der Sicherung ihrer Bedingungen. Ich bestreite keinen Augenblick den erkenntniskonstituierenden Mitwert der emotionalen Akte. Nur überkommt mich ein Bedenken, ob sie unter *erkenntnistheoretischem*, also *erkenntnisbegründendem* Gesichtspunkt ausreichen für die postulative Notwendigkeit eines philosophisch einwandfreien Realitätszeugnisses. Es scheint mir die ewige, die unaufhebbare Dialektik der Philosophie zu sein, daß sie in alle Aussagen über Reales einen unverwischbaren idealistischen, konstruktiven, spekulativen und normativen Einschlag einfügt, und daß sie das Reale nirgends sicherer und einwandfreier erfaßt als da, wo gerade dieser idealistisch-konstruktive und aprioristisch-normativistische Faktor die auf das Reale gerichtete Erkenntnis entscheidend bestimmt. Aus diesem Grunde gehören *Idealismus und Realismus* unabtrennbar zusammen, stehen sie zueinander in dem *Verhältnis dialektischer Korrelation*. Die angestrebte Wendung zum Realismus und zur Ontologie, deren guten Sinn und deren Berechtigung ich in keiner Weise verkenne, kann nur dann gelingen, wenn sie den Idealismus als den diese Wendung mitbedingenden Faktor beibehält und ihn mit zu Worte kommen läßt. Ich glaube, mit dieser Ansicht mich von der Grundmeinung des Herrn Vortragenden nicht allzu weit zu entfernen, wenn nicht sogar in Übereinstimmung mit ihr zu sein. Veranlassung zu dieser Ansicht geben mir seine großen Abhandlungen »Diesseits von Idealismus und Realismus« im Kant-Festheft der »Kant-Studien« (1924)[16] und »Wie ist kritische Ontologie überhaupt möglich?« in der Festschrift für Paul Natorp (1924)[17]. Versteht man die Philosophie überhaupt aus dem Gesamtsinn ihrer Idee heraus, so versteht man, daß sie sich weder auf den idealistischen noch auf den realistischen Standpunkt beschränkt: Sie ist Ideal-Realismus oder Real-Idealismus in Einem. Wie denn auch die konstruktiv-idealistische Philosophie Deutschlands trotz des ihr nachgesagten extrem idealistischen Charakters sowohl Idealismus als auch Realismus ist (vgl. Schellings Ideal-Realismus). Und damit hängt ganz eng ein zweiter dialektischer Zug der Philosophie zusammen, der meines Erachtens bei der Vertretung des realistischen Poles nicht ausreichend gewahrt wird: So stark und so berechtigt auch das philosophische Verlangen nach Erfassung der Realität

---

[16] [Nicolai Hartmann: Diesseits von Idealismus und Realismus. Ein Beitrag zur Scheidung des Geschichtlichen und Übergeschichtlichen in der Kantischen Philosophie, in: Kleinere Schriften, Band 2: Abhandlungen zur Philosophie-Geschichte, Berlin 1957, 278-322.]

[17] [Nicolai Hartmann: Wie ist kritische Ontologie überhaupt möglich? Ein Kapitel zur Grundlegung der allgemeinen Kategorienlehre, in: Kleinere Schriften, Band 3: Vom Neukantianismus zur Ontologie, Berlin 1958, 268-313.]

sein mag, so sehr der Philosoph auch dem Leben gegenüber aufgeschlossen sein und an ihm teilnehmend sich erweisen soll, so kommt die ewige tragische Paradoxie seiner Einstellung zum Leben doch gerade darin zum Ausdruck, daß er, wie es der platonische Sokrates fordert, den Schritt über das Leben hinaus tun, daß er stündlich zum »Sterben« bereit sein muß. Der echt philosophischen Geisteshaltung ist diese dialektische Transzendenz dem Leben und der Realität gegenüber, ist ein idealistischer Normativismus eigentümlich und notwendig. Von manchen realistischen Bewegungen der Gegenwart wird unter dem Motto »Los vom Idealismus« die Preisgabe dieses idealistischen Normativismus verlangt. Mir scheint in diesem Verlangen eine Preisgabe oder eine Einschränkung desjenigen Universalismus zum Ausdruck zu kommen, der der spezifisch philosophischen Einstellung angemessen ist. Der Philosoph steht eigentlich nie ganz *im* Leben, und er steht nie ganz *jenseits* des Lebens: sein Schicksal ist durch den eigentümlichen Sinn seiner Wissenschaft bedingt, die gleichfalls sowohl im Leben als auch jenseits desselben steht. In dieser unverkennbaren Dialektik seiner Geisteshaltung und Verfassung bekundet sich die dem Philosophen charakteristische Autonomie seines Wesens und seiner Stellung. In dieser Dialektik und Autonomie sind Idealismus und Realismus »aufgehoben«, in ihr sind sie, die selber nur vorläufige und partielle Standpunkte und Auffassungsweisen bedeuten, vereint. Die Wendung dagegen bloß zum Realismus ist die Wendung bloß zu Aristoteles; die Wendung bloß zum Idealismus bedeutet die Wendung bloß zu Berkeley oder zu irgendeinem übersteigerten und einseitigen Spiritualismus, der aber mit dem universell zu verstehenden philosophischen Idealismus nicht identisch ist. Fast alle Angriffe, die gegen den Idealismus gerichtet sind, treffen diesen gar nicht, sondern lediglich den Spiritualismus, dessen Verhältnis zum Realitätsproblem und dessen Deutung und Behandlung dieses Problems völlig anderer Natur sind, als das beim Idealismus der Fall ist. Die soeben kurz angedeutete *dialektische Synthesis* hingegen wird von jenen »Idealisten« klassisch vertreten, die zugleich und eben darum die klassischen »Realisten« sind, von Platon und von Kant. In ihrem Geiste philosophieren, heißt, sowohl die Wendung zum Idealismus als auch die Wendung zum Realismus in der Dialektik eines umfassendsten synthetischen Aktes bejahen und vollziehen.

Julius Kraft, Frankfurt a. M.[18]

Die Wendung zur Metaphysik ist mit ihrer Wiederanerkennung einer systematischen Naturphilosophie, Ethik, und Religionsphilosophie sicher eine radikale Wendung; sie ist es jedoch mit dem zur Diskussion stehenden Teilgebiet einer Metaphysik der Erkenntnis ebenso sicher nicht, sondern dort vielmehr nur eine Fassaden-

---

[18] [Julius Kraft: 1898-1960, Soziologe; 1931: Privatdozent an der Universität Frankfurt.]

veränderung der alten Fundamente des nur scheinbar verlassenen erkenntnistheoretischen Gebäudes. Die Metaphysik oder Ontologie der Erkenntnis besitzt zwar vor ihrer Vorgängerin, der Erkenntnistheorie, den unbezweifelbaren Vorzug, daß sie das, was jene in ihren beiden Hauptformen: der transzendentalistischen und der psychologistischen verhüllt, offen ausspricht: nämlich ihren metaphysischen Charakter. Das Problem eines Beweises der Gültigkeit der Erkenntnis überhaupt läßt sich ohne weiteres auf das andere Problem des Gegebenseins von Wirklichem überhaupt transformieren, wodurch der metaphysische Charakter auch des ersteren erwiesen ist. Diese Klärung nimmt aber der Erkenntnisontologie keineswegs die Schwierigkeiten ab, denen die Erkenntnistheorie überhaupt unterliegt: die vernichtende Schwierigkeit des regressus ad infinitum. Diese Schwierigkeit, deren unabweisliche Konsequenz die von *Nelson* systematisch entwickelte, prinzipiell bereits von Kant erkannte, wenn auch von ihm nicht ausgewertete Unmöglichkeit der Erkenntnistheorie ist, schließt daher die *Unmöglichkeit* der Erkenntnisontologie ein. Aus dieser Sackgasse führt auch für die von Hartmann vertretene emotionale Ontologie kein Ausweg. Denn für das, was Hartmann in Weiterführung von Gedanken *Diltheys* und *Schelers* emotional-transzendente Akte nennt, gelten keineswegs jene auszeichnenden Vorzüge, die Hartmann ihnen beilegt. Auch die emotionalen Akte, die übrigens dem vermeintlich »szientistisch« befangenen *Kant*, als Verfasser der Kritiken der praktischen Vernunft und der Urteilskraft, sehr wohl bekannt waren, zeigen keine Aufhebung des Transzendenzverhältnisses zwischen ihnen selbst und ihren Gegenständen. Sie beziehen sich dazu nur auf einen Ausschnitt der Realität, auf deren Wertqualitäten, und es ist daher unerfindlich, wie sie zu Kriterien der auch von Hartmann in seiner grundlegenden These von der »Realität derselben Welt im Gegenstand der emotional-transzendenten Akte und im Erkenntnisakt« *vorausgesetzten* Gültigkeit theoretischer Erkenntnis werden sollen. Dazu kann der erkenntnistheoretische Zweifel, wenn man ihn überhaupt zuläßt, gegenüber den emotionalen Akten natürlich nicht aufgehalten werden. Hier ist er, wie die Bestreitung der Möglichkeit objektiver ethischer, ästhetischer und religiöser Urteile bis auf den heutigen Tag zeigt, psychologisch sogar noch viel nachhaltiger als auf empirischem Gebiet. Das nicht weniger als das neukantische »Erzeugen« unmögliche, jedenfalls bei den emotionalen Akten behauptete, Zusammenfallenlassen von Erkenntnis und Gegenstand und der mit der Einführung dieser Akte verbundene Irrationalismus bringen Hartmann in außerordentliche Nähe zu dem Hegelianismus und zu dem diesem nahestehenden metaphysischen Antiintellektualismus, der heute anstatt mit der Erkenntnis aus der Angst und aus der Klassenlage heraus philosophiert. Hartmanns Ontologie der Erkenntnis ist also keineswegs eine kritische Ontologie, die von der Kantischen Kritik nicht betroffen wird, sondern vielmehr eine dogmatische, sich an bestimmte historische Vorbilder anlehnende Metaphysik, für die der tiefe Gedanke des transzendentalen Idealismus nicht existiert, und die sich charakteristischerweise schließlich auf das »Wunder eines penetrativen Schauens« zurückziehen muß.

Für die wissenschaftliche Philosophie kann die Forderung der Stunde nicht lauten: Wendung zu Ontologie und Realismus, sondern Erfüllung der von ihren erkenntnistheoretischen Mängeln und den sich daran anschließenden, ontologischen Umdeutungen befreiten Postulate des Kritizismus. Wie seine methodischen Maximen in der mathematischen Axiomatik ihre Fruchtbarkeit erneut bewiesen haben, so sind sie auch in der Philosophie der einzige Weg, der zu Grundlagen führt, die so weit gesichert sind, wie dies für menschliche Wissenschaft überhaupt möglich ist. Auch die Philosophie kann sich, wenn sie auf dem Wege der kritischen Methode weiterschreitet, das Wort *Hilberts* zu eigen machen: »Wir müssen wissen, wir werden wissen«[19]

Paul Hofmann, Berlin[20]

Den Hartmannschen Ausführungen liegt eine unausgesprochene Voraussetzung zugrunde: Es sei die Aufgabe der Philosophie, Seiendes zu erkennen (ebenso wie es die der Sachwissenschaften ist); Erkenntnis von Seiendem oder über Seiendes müsse aber letztlich stets von Seiendem selbst hergenommen werden. Meiner Auffas-

---

[19] [Vgl. David Hilbert: »Naturerkennen und Logik«, in: Gesammelte Abhandlungen, Band. 3, Berlin 1935, 378–387; 387.]
[20] [Paul Hofmann: 1880-1947, Philosoph; 1931: Professor an der Universität Berlin.]

sung nach geht die erste und ursprüngliche Forschungs-
aufgabe der Philosophie nicht auf »Sein«, sondern auf
»*Sinn*«. Sinn aber bedeutet gerade das Gegenteil und
den Gegenpol des Seienden: dasjenige, *in* dem und *durch*
das Seiendes (Gegenständliches) *erlebt* wird. Das Wort
»Sein« selbst bezeichnet einen Sinn, und aus der Bestimmung dieses Sinnes werden mittelbar (»transzendental«) Aussagen über das Seiende als über die »möglichen Gegenstände« dieses Sinns gemacht; und sogar in
strenger Allgemeinheit über »alle« (möglichen) seienden Gegenstände – eine Allgemeinheit, die grundsätzlich nur durch die sinnerforschende philosophische Methode zu erreichen ist, während jede sachwissenschaft-
liche Methode, die an die »Sachen selber« (die wir erlebend zu »haben« vermeinen) anknüpft, dem Besonderen verhaftet bleibt. Aber dieser Sinn: »Sein« ist eben
selbst nicht mehr als »Seiendes« zu verstehen.

Nun zu der besonderen Problemstellung und der Methode der Untersuchung. Daß ich überhaupt Seiendes
erlebe, ist ebenso unmittelbar gewiß wie, daß ich »bin«:
das Ich-sagen und Es-sagen sind untrennbar eins. Bezüglich *dieser* Gewißheit bedarf es keiner Beweise; nur
das Was und Wie des erlebten Seienden unterliegt der
Frage. Faßt man Hartmanns Untersuchung als Versuch
zur Beantwortung dieser Frage, so geht sie darauf, wie
wir Gewißheit über »besonderes« Seiendes erlangen.
Und zwar meint Hartmann: wir erlangen sie nicht durch
erkennende, sondern durch »emotional-transzendente« Akte. In letzteren findet er sozusagen einen »zweiten
Weg« zur Gewißheit über Seiendes, dem die angebli-

103

chen Mängel des erkennenden Weges nicht anhaften. Das heißt doch aber gerade: auch die emotionalen Akte sind erkennend, nämlich Seiendes erkennend. Dies darf man m. E. allerdings behaupten, und zwar deshalb, weil erkennende und emotionale »Akte« nicht zweierlei »Ereignisse« sind, sondern Momente »abstrakter« Art an den Erlebnissen bezeichnen. Eben darum aber enthalten dann auch emotionale Erlebnisse spezifisch erkennende Momente. Hier handelt es sich nun um die im emotionalen Erleben miterlebte »immanente Deutung« der Erlebnisse selbst als Tun oder als Leiden (letzteres nennt Hartmann »Betroffensein«). In dieser Deutung liegt als *gewiß* die Beziehung (des Ich) auf »Seiendes überhaupt« -über das »Was oder Wie« dieses Seienden gibt sie uns nicht im mindesten größere Gewißheit als die spezifisch (d.h. überwiegend oder vornehmlich) »erkennenden« Akte. Hartmanns Untersuchungen beschreiben demnach »Gelegenheiten«, bei denen wir des Seienden besonders eindringlich gewiß zu sein meinen; sie zeigen aber keinen »zweiten Weg« zu Gewißheiten über Seiendes (hinsichtlich seines Was und Wie), geschweige denn zum »Beweise« derselben.

Heinrich Sauer, Hamburg[21]

wirft die Frage der Realitätsgegebenheit des Gegenstandes der Physik auf, die Frage, wie z.B. die Realität der Atome zu beurteilen sei und ob ihnen die gleiche Realität zukommt wie den sinnlich gegebenen Dingen überhaupt.

Leo Polak, Groningen[22]

Soweit die bemessene Frist es erlaubt, möchte ich ausführen, weshalb mir in dem mit feiner Kunst blendend ausgearbeiteten Hartmannschen Vortrag keine neue Realitätsgewißheit erreicht und das eigentliche Realitätsproblem mehr verkannt als gelöst scheint.

Das Problem heißt hier das der »Realitätsgegebenheit«. Der Vorsatz des Vortrags ist: nicht praktisch, sondern theoretisch (gegen Skepsis, Idealismus etc.), »sich der Gegebenheit des Realen zu versichern«. Welches Realen also?

Offenbar handelt es sich im ganzen Vortrag bei jener Realität, deren man sich »versichern« will, nirgends um das etwaige überzeitliche, zeitlos-ewige Ansich der Realität, sondern bloß um die Welt in Zeit und Raum, »die Welt worin wir leben und sterben«, die Welt der Hand-

[21] [Heinrich Sauer: 1891-1952, Philosoph; 1931: Privatdozent an der Universität Hamburg.]
[22] [Leo Polak: 1880-1941, Philosoph; 1931: Professor an der Universität Groningen.]

lungen und Gesinnungen, des Schaffens und Erleidens, der menschlichen Gemeinschaft und Geschichte, des »Schicksals« und der »Situation« - also um diese unsere gemeinsame Welt des zeitlichen Seins und Geschehens. Es gibt nun für jeden ein Stück dieser »Realität«, dessen »Gegebenheit« Herr Hartmann sich vernünftigerweise, theoretisch so wenig wie praktisch, »versichern« wollen konnte, weil es nicht nur niemals von irgendwem abgeleugnet worden ist, sondern auch in der ganzen Rede vorausgesetzt wurde - nach der richtigen Bemerkung Dessoirs - nämlich die sog. *Innenwelt* des eigenen Bewußtseins, des Erlebens. Das einzige »Problem« bleibt also dasjenige der »Gegebenheit« (oder Nichtgegebenheit) der *Außenwelt*, das alte *erkenntnistheoretische Außenweltproblem*, d.h. also hier zunächst das Problem der *Natur* oder objektiven *Raumwelt* und des *anderen Ich*, der anderen (unräumlichen) *Subjekte*.

Ich möchte nun zeigen, daß dieses Problem in dem Vortrag nicht nur keine neue Lösung, sondern vielmehr eine neue Verkennung gefunden haben dürfte.

Es gilt hier, wie wir sahen, die »erkenntnistheoretische Legitimation« der einen, gemeinschaftlichen, also transindividuellen, transsubjektiven, will sagen objektiven Realität. Und diese ist m.E. von Hartmann, entgegen Litts Versicherung, mitnichten geleistet worden.

Der Anfang hätte ja wohl die »Widerlegung des Solipsismus« sein müssen. Erstens aber existiert dieser nicht und hat er nie existiert; dieser »Idealismus« konnte demnach nicht gemeint sein mit jenem noch zu widerlegenden, weil existierenden »Skeptizismus, Idealismus, Nominalismus etc.«; zweitens ist dieser Solipsismus für die erkenntnistheoretische Frage nach Realismus oder Idealismus, nämlich in Sachen der Natur, irrelevant; drittens wäre nicht einmal diese Widerlegung gelungen: für den (nichtexistierenden) Solipsisten blieben alle Hartmannschen sog. »transzendenten Akte, Situationen etc.« einfach individuelle Traumakte, Traumsituationen etc. Auch Kants sog. »Widerlegung des Idealismus«, daß nämlich Raumsinn, resp. Raumwelt Vorbedingung wäre für Innenwelterfahrung, was höchstens gelten könnte für »Erfahrung« in objektivem statt individuellem Sinn, hat Hartmann sich wohl mit Recht nicht zu eigen gemacht – und schließlich gesteht er ja selber, daß der Solipsismus »formal Recht behält«, daß seine Überwindung noch einer (leider nicht legitimierten) Voraussetzung bedürfe, nämlich »daß es nur Eine Realität gibt, soviel wir wissen«, daß unser eigenes Bewußtsein nicht vereinzelt, als einzige isolierte Sonderexistenz dasteht.

Der tatsächliche, ernst zu nehmende, erkenntniskritisch zu lösende Kampf zwischen Idealismus und Realismus gilt aber hauptsächlich der Frage, *ob zu der einen konkreten Realität auch die eine objektive Natur, die Raumwelt, der naturwissenschaftliche Kosmos gehöre* – was bekanntlich vom *Dualismus* zwischen Natur und Geist, wie vom *Materialismus* bejaht, vom psychischen (spiritualistischen, »idealistischen«) *Monismus* verneint wird. Der kritische Kampf gilt also der *Realität* oder *Seinsweise* der Natur, und gegen den »transzendentalen Idealismus« der Natur, den ich mit Berkeley (dem richtig verstandenen), mit Kant, mit Heymans vertrete, hat die ganze Hartmannsche Ausführung auch nicht ein einziges Argument beigetragen.

Hartmanns »Realitätsgegebenheit« meint, wie wir zeigten, zweifellos Außenweltsgegebenheit, Gegebenheit transindividueller Realität. Wie ist es nun um diese »Gegebenheit« bestellt?

»Gegeben« ist in der Realitätsdiskussion schon seit Kant leider ein laxes, zweideutiges, nein vieldeutiges Wort, das schon die schlimmsten Schäden und Verwirrungen gestiftet hat. Wir müssen es, erkenntniskritisch, im strengsten Sinne nehmen und bestimmen. Im laxen Sinne nennt man nämlich erstens das transzendente Ding-an-sich »gegeben«, sei es als immanentes Raumding, sei es in der individuellen Wahrnehmung; zweitens das immanent-objektive, transsubjektive Raumding selber, »gegeben« in der Wahrnehmung; strenger Sprachgebrauch nennt »gegeben« *bloß den individuellen Wahrnehmungsinhalt*, mit Bezug auf sei es immanente Raumwelt, sei es transzendente Wirklichkeit-an-sich. Und gegeben in diesem strengen, erkenntnistheoretischen Sinn will einfach sagen *unmittelbar gewußt, gekannt.* Andere reden hier von »*unmittelbar gegeben*« und nennen alles erstere »mittelbar gegeben«, was also für uns eben nicht-gegeben heißen müßte und besagen will. Das Gegebene in unserem Sinne nun, das unmittelbar Gewußte, die reine (individuelle) Erfahrung, ist für jedes Subjekt notwendig Ausgangspunkt und Grundlage alles abgeleiteten, vermittelten, erschlossenen Wissens, also aller und jeder Wirklichkeitslehre, Ontologie,

Metaphysik, und solcherart »gegeben« sind uns von (bzw. betreffs) aller und jeder Realität prinzipiell immer bloß rein individuelle (subjektive) Bewußtseinserscheinungen, Bewußtseinsbesonderheiten, Bewußtseinsmodifikationen, m.a.W. *Erlebnisse* irgendwelcher Art, Empfindungen, Wahrnehmungen, Gefühle, Vorstellungen, Gedanken, was man will.

Alles Wissen um andere als diese individuelle, innerweltliche Realität ist *sinnlich vermittelt*, aus individuellen Sinnesdaten *abgeleitet*. Wie und mit welchem Rechte? Das ist unser Außenweltproblem. Denn einem Wesen, das ohne Sinne geboren würde, müßte notwendig die Existenz einer »Außenwelt« verschlossen bleiben, es wäre eine erkenntnistheoretisch »fensterlose Monade« – und weil eben alle Sinne nur individuelle »Modifikationen der Sinnlichkeit« (Kant) liefern können und prinzipiell niemals Außenwelt als solche (Berkeley, Kant), *bleibt* jedes Subjekt auch mit allen Sinnen insofern und ohne andere als sinnliche Daten wesensgemäß (nicht metaphysisch, sondern erkenntnistheoretisch) »fensterlose Monade«.

Wie und mit welchem Rechte schließen wir nun alle aus individuell-psychischen Daten auf eine transindividuelle, also vom eigenen Sein und Bewußtsein unabhängig existierende Realität, d.h. eine Außenwelt? Dies das kritische Außenweltproblem, das für den »gesunden Menschenverstand«, will sagen für die unphilosophische Menge, überhaupt nicht existiert. Sie lacht von jeher über Mühe und Not der Philosophen und deren »Notbehelfe«. Sie »schaut« und »erlebt« ja genau so unmittelbar Außenwelt, wie sie Räumlichkeit und gar Tiefendimension »sieht«,und versteht nicht einmal,was die Psychologie will und meint, wenn diese aus Operationen an Blindgeborene schließt, daß der Gesichtssinn ursprünglich nicht-räumliche, nur an Hand des ursprünglichen Raumsinnes räumlich, als »Lokalzeichen« zu deutende Daten liefert.

Nichtsdestoweniger steht dies unser Problem am Anfang aller wissenschaftlichen Ontologie. Und es erhebt sich nun für uns die Frage, was Hartmanns sog. *»transzendente Akte«* zur Lösung des Problems leisten.

Was sind »transzendente Akte«? Der Terminus ist wieder etwas zweideutig. Transzendent soll hier im engsten Anschluß an die Etymologie einfach besagen: das individuelle Bewußtsein überschreitend.

Gibt es nun solche *»transzendenten Akte«*? Selbstverständlich, wenn damit gemeint ist: Akte, in denen das Subjekt für sein Bewußtsein, seiner Meinung oder Intention nach, sich selbst, sein eigenes Sein und Bewußtsein überschreitet - transzendente Akte in diesem Sinne sind nicht nur Liebe und Haß, sondern κατ' ἐξοχήν [in reinster Form] *der Glaube* (an die Außenwelt) und vollends *der Traum*!

Soll es aber heißen: Akte, in denen jemals die Außenwelt zur Innenwelt würde, in das individuelle Bewußtsein hineinragte, oder dieses in die Außenwelt hinausragte, Außenwelt unmittelbar erreichte, innehätte als (unmittelbar) Gegebenes - *dann gibt es überhaupt keine transzendenten Akte*. Es gibt nämlich keine Außenweltsgegebenheit, nicht nur nicht in den sinnlichen, sondern

110

genau so wenig in irgendwelchen »emotionalen« oder sonstigen reinen Daten. Schon deshalb, weil es nun einmal *keine Außenwelterkenntnis* gibt, sei es der Natur, der Dingwelt, oder anderer Subjekte, *ohne Vermittlung der Sinne*. Und diese »geben«, wie wir ja schon sahen, niemals mehr als rein individuelle Bewußtseinsmodifikationen – und lehren oder sagen über Außenwelt überhaupt nichts: in den Sinnen ist weder Wahrheit noch Trug (Täuschung), sondern immer nur im Verstande, im Urteil über sinnlich Gegebenes (Kant).

Außenwelt muß von *denkendem Deuten* oder deutendem Denken, das Sinnesdaten als Zeichen faßt und verstehen lernt, (hinzu)*gesetzt*, erschlossen werden – Außenwelt wird weder je unmittelbar »gehabt«, noch »erlebt«. Schon das Urteil, die Überzeugung »es gibt eine Außenwelt« überschreitet alle individuelle Erfahrungsmöglichkeit – und andere haben wir leider als Individuen nicht. Es ist als Existenzialurteil *synthetisch* und als Außenweltsurteil *apriorisch*, d.h. tatsächlich erfahrungüberschreitend, nicht nach dem Kriterium der Apodiktizität oder der absoluten Allgemeinheit, sondern nach demjenigen des betreffenden Gebietes. Für kritische Erkenntnistheorie und Metaphysik wird dieses wie jedes andere synthetische Urteil *a priori* zum Problem. Und für dies kritische Problem der Außenwelt bleibt ewig blind, wer nicht zu jener eben erörterten tieferen Einsicht gelangt, daß wir zwar nicht in Leibnizens ontologischem, aber unbedingt in unserem gnoseologischen Sinne »fensterlose Monaden« sind und bleiben, in die fensterlose »Kammer« des eigenen Bewußtseins eingeschlossen ωσπερ εν πολιορχια [so wie in einer Festung] (mit den alten Kyrenaikern zu reden, was Kollege Litt gestern »Burgfrieden« oder »Bannkreis« nannte) und auf die eigenen individuellen παϑη [Leidenschaften] (im wietesten Sinne des Wortes) angewiesen als einzige »Daten« betreffs aller außerbewußten Realität. Diese Selbstimmanenz alles individuellen Bewußtseins gehört zu dessen Wesensbestimmungen, ist »*Wesensgesetz*«, wie dies Hartmann selbst einmal in seiner »Metaphysik der Erkenntnis« bemerkt hat, und setzt als solches weder eine bestimmte Theorie oder Weltanschauung voraus, noch könnte es von irgendwelcher Theorie angegriffen werden. Wer, wie die Herren gestern, behauptet, diese »Kammer« sei ein überwundener Standpunkt, dem fehlt anscheinend das hier erforderte Problembewußtsein, die Verwunderung als die Vorbedingung zu eventueller Problemlösung. Tatsächlich fehlt dies Problembewußtsein heute manchen Soziologen und Phänomenologen; was jedermann glaubt, gilt als beglaubigt – einerseits der dogmatisch-verdoppelnde Naturrealismus, anderseits der genauso dogmatisch-verdoppelnde Logikrealismus (ich denke an Pfänder mit seinem realontologischen »Abspreizen« als metaphysisches Gegenstück zur logischen Verneinung), ohne jedes Verständnis auch nur für den Sinn des formalen Idealismus hier wie dort. Wie sollten wir auch selbst Raum und Zeit und das Logische in die Welt »hineinlegen«, wo doch für jeden »wesensgemäß« die »gegebene« Welt räumlich, zeitlich und logisch ist! So »überwindet« die Neuzeit einen Kant!

Ähnlich wie gegen die »transzendenten Akte« müssen wir uns jetzt gegen die von Hartmann behaupteten »Realphänomene« wenden: *Es gibt keine Realphänomene* in dem Sinn, daß ein Phänomen je »sich selbst transzendieren« könnte. – Transzendieren im erkenntnisheoretischen Sinn kann wieder bloß das *Denken*, und das meint im Grunde auch Hartmann, wenn er sagt, daß das Phänomen »auf ein Überphänomenales *hinführt*« (oder: reich sei an »Hinweisen auf« das Überphänomenale, etwas anderes jedenfalls als Erweise oder Begründungen). Wen hinführt? Doch wohl das denkende, erkennende Subjekt. Das Gegebene liefert ihm selbstverständlich die *Veranlassung* zum Transzendieren, aber auch nicht eine Spur des (immer schon vorausgesetzten) logischen Grundes, der logischen Berechtigung.

Hier geht wieder das tiefe Begründungsproblem an, dessen Lösung – ich kann hier nur andeuten – ohne unbewußt und instinktiv geübte apriorische *Kausalfunktion* so unmöglich sein dürfte wie alles Denken und Schließen ohne unbewußt und instinktiv geübte apriorische *logische Funktion*.

Auch den Terminus »Realitätszeugnis« müssen wir ähnlich beanstanden. Denn Zeugnis will hier bloß besagen »Zeichen« für Anderes, für Nichtgegebenes; das Phänomen selber, also das zu deutende Zeichen, ist und bleibt individuell-subjektiv.

Welche »skeptische« oder »idealistische« Überlegungen sollten nun vor solchen Zeichen, Hinweisen etc. »wesenlos« werden? Wenn es solipsistische, wie wir vorhin sahen, nicht gibt, vielleicht jene betreffs der »*Ide-*

alität«, resp. Nicht-Realität *der Natur*? Mitnichten! Der Idealismus weder eines Berkeley noch eines Kant oder Fechner oder Schopenhauer oder Heymans wird von diesem ganzen Hartmannschen Gedankengang berührt, geschweige denn widerlegt – und so bleibt für mich wie für Heymans und Kant die ganze Raumwelt, statt Teil der konkreten Wirklichkeit zu sein (wie die Subjekte), bloß ideelles, vom vorausgesetzten ideellen, nicht-existierenden wahrnehmenden Bewußtsein überhaupt (Berkeley sagt »all minds whatsoever«, Heymans spricht von einem »idealen Beobachter«[23]) abhängiges Ganzes möglicher Wahrnehmungsinhalte, also bloß ideelles »Phänomen« der an sich, d.h. hier unabhängig von jenem ideellen Subjekt oder von möglicher Wahrnehmung, nicht-materiellen, da nicht-sinnlichen, nicht-räumlichen Realität, deren Teil wir selber als Subjekte sind.

Selbstverständlich ist und bleibt für diesen unseren echten (,transzendentalen') Idealismus die objektive Raumwelt um nichts weniger (aber auch um nichts mehr) »real« als etwa das objektive Reich der Töne – und selbstverständlich gibt es von beiden objektive Erkenntnis, Wissenschaft und Wahn.

Oder meint Hartmann vielleicht mit jenen jetzt »wesenlos« gewordenen skeptischen oder idealistischen Überlegungen solche betreffs *der Realität der anderen*

---

[23] [Vgl. dazu folgende Autoren bzw. Texte: George Berkeley (1685-1753): Three Dialogues between Hylas and Philonous. Gerardus Heymans (1857-1930): Gesammelte kleine Schriften zur Philosophie und Psychologie. Teil 1–3. Haag 1927.]

Iche oder der psychischen und geistigen Welt überhaupt? Dann wüßte ich wieder nicht, wo ein solcher Skeptizismus oder Idealismus existieren sollte, wenn er je existiert hat. Mir ist wenigstens keine Philosophie bekannt, gegen die die »Realität« von Hartmanns geschichtlicher Welt »gesichert« werden müßte, denn die Zeitkritik eines Kant und Heymans mit ihrer Verankerung jener zeitlichen Realität im überzeitlichen An-sich glaubt wohl Hartmann selber nicht mit seinen Realitätszeugnissen irgendwie berührt zu haben.

Mir sind demnach, trotz allem Suchen, jene jetzt wesenlos gewordenen idealistischen Überlegungen unauffindbar geblieben, und so scheint mir dies Hartmannsche Resultat selber ziemlich – wesenlos. Der überwundene Idealismus existiert nicht und der existierende Idealismus ist nicht überwunden.

Ich war nach Kenntnisnahme der Thesen[24] sehr gespannt auf jene »sich selbst transzendierenden« Phänomene, die sog. »Realphänomene«, wie auf diejenigen »transzendenten Akte«, in denen »im Akt selbst« das individuelle Bewußtsein »überschritten werden« sollte. Die »Realitätsgegebenheit« wird zwar schon in den Thesen selbst auf »Realitätszeugnis« (d.h. also auf Realitätszeichen) abgeschwächt, auf ein »Hinüberführen auf ein Überphänomenales« – aber es wurde doch eine transzendente »Realitätsgewißheit« in Aussicht gestellt,

---

[24] Es handelt sich um Thesen, die den Diskussionsrednern vor Beginn der Tagung zugestellt worden waren und die schlagwortartig den Inhalt des Vortrages von N. Hartmann kennzeichneten. Anm. d. Herausgeber [Paul Menzer und Arthur Liebert].

sicherer als die im »Erkenntnisakt« zu gewinnende; und selbige hätten wir besonders den »emotional-transzendenten Akten« zu verdanken.

Nach dem Vortrag muß ich nun leider einem Gefühl der prinzipiellen Enttäuschung Ausdruck verleihen, da sich nach den gegebenen Beispielen herausgestellt hat, daß es sich um nichts anderes handelt als um jene Erlebnisse des Hasses und der Liebe, die uns »mit anderen verbinden«, um Gefühle des Ertragens und Erleidens, des Unterliegens und Besiegtwerdens, worin »dem Subjekt etwas widerfährt«, ganz besonders in dem Gefühle des »*Betroffenseins* von Etwas«, das einem »zustößt«, trifft wie ein »Schlag«, der »schlagend« die fremde »Kraft« oder »Realität« – beweisen soll, in dem wenigstens die Außenwelt geradezu »sich aufdrängt«, wie auch in dem Gefühl des »von fremder Kraft Emporgehobenwerdens« angeblich sogar fremde »Kraft direkt erfahren wird«.

Ich fühlte mich in die Zeit vor Hume und seiner Kritik der Kausalität zurückversetzt: daß Kraft als solche, ein kausaler Begriff, nie und nimmer »erfahren« wird, außer im laxen, unkritischen Sinne des Wortes, wußten wir seit Hume – ein Gegenargument gegen seine scharfsinnige, fein empirisch analytische Kritik habe ich in dem Vortrag leider vermißt.

Und sehen wir nun genauer zu und analysieren wir Hartmanns »Zeugnisse« für Außenwelt, so finden wir tatsächlich, daß deren Zeugnis-, d.h. Zeichenwert für Außenwelt auf einer verschwiegenen, verkannten, ja geradezu verleugneten *Voraussetzung* beruht, und zwar auf derjenigen des Bedingtseins, d.h. *Verursachtseins* des Gegebenen, Erlebten, Erlittenen – das an sich individuell-subjektiv ist und bleibt.

Also schließlich genau dieselbe unbewußte Voraussetzung, die für alle Welt von jeher gerade die *Sinnesempfindung*, die *Wahrnehmung*, zum »Zeugnis« und Zeichen für transindividuelles Reales gemacht hat. So entstand der »Gegenstand« aus dem »Widerstand« gegen Willensbetätigung und Bewegungssetzung.

Es handelt sich also immer und überall und ausschließlich um denkende, nicht nur unbewußt logisch, sondern genauso unbewußt *kausal denkende Deutung* des individuell Gegebenen, Erlebten. Und wenn demgegenüber Kollege Hartmann meint, »von kausalem Erschließen ist gar keine Rede« und Kollege Litt ergänzt: »kein Mensch denkt daran« – so antworten wir: erheblich ist nicht, wovon die Rede ist, oder woran man denkt, sondern erheblich ist bloß, worum es sich tatsächlich handelt. Und bei der ganzen Hartmannschen Ausführung nun handelt es sich durchgängig und prinzipiell immer nur um Deutung von individuell Erlebtem als *ursächliches Bestimmtwerden* von oder durch (nichtgegebene, transindividuelle) Außenwelt, um »*Betroffensein von Etwas*«, »nicht durch Etwas«, sagte bezeichnenderweise Hartmann, denn das würde zu sehr – erinnern an die Kausalität, die man anscheinend los werden möchte! Als wäre jenes »von« weniger kausal als dieses »durch«! Eher umgekehrt. Und wir Holländer haben mit vielen Sprachen für dies eine Verhältnis nur das eine nämliche Wort (door, par, by, etc.).

117

Sogar die Termini der »Zeugnisse« sind durchwegs *kausale* Begriffe: »von fremder Kraft emporgehoben« - »das *Müssen*«, »der *Zwang*«, »*Mächte, die Druck ausüben*«, die »Situation«, mit ihrem »Zwang zu Schuld und Verdienst«, mit ihrer »*Erregung*« von »Erwartung«, Furcht und Hoffnung, die sog. »antizipierenden Akte«, das »*Erwartenmüssen*«, das »*Erleiden*«, die »*Passivität*« der πάθη [Leidenschaften], die Mißachtung, der Betrug, die Anerkennung, in denen man sich nämlich von Anderem und Anderen *beeinflußt, abhängig* erfährt, wenn wir das Wort »erfahren« hier einmal im laxen Sinne gebrauchen dürfen.

Die *Abhängigkeit*, also das *Bestimmtwerden* ist hier überall die Quintessenz, und ich schlage ein Gedankenexperiment zum Beweise vor: Ginge alles für jedes Individuum glatt nach eigenem Willen und logisch aus eigner innerer Gesetzlichkeit hervor, also ganz nach seiner Selbstbestimmung, so frage ich: bliebe von allen Hartmannschen »Zeugnissen« auch nur ein einziges übrig? - Nun aber, da wir uns im Gegenteil bedrängt, affiziert, gehemmt, gezwungen und bezwungen, von Anderem und Anderen bestimmt, »betroffen« fühlen - nun muß ein Nicht-Ich, eine Außenwelt existieren..!

Somit bestätigt die ganze Hartmannsche Ausführung nur, was uns ohnehin schon seit Hume und Kant klar war, daß nämlich das Einzige, was je Subjekte zur Annahme und zur Erkenntnis einer Außenwelt geführt hat und führen kann, die Kausalfunktion ist. Ihr ward im Vortrag ein Fest gegeben, nur daß man sie versehentlich nicht einlud. - Und wir können nun die erkenntnistheo-

retische Essenz des Vortrags in einem Satz zusammenfassen: *Individuell-subjektives Affiziertsein »zeugt« von
transindividueller wenn nicht sogar ansichseiender Realität.* Ein Satz, der kritisch denselben Gehalt hat wie dieser
bekannte andere: Die Erscheinung beweist das Ding-an
sich.

Die ganze *petitio principii*, die Vorwegnahme der kausalen Voraussetzung, die Verkennung des eigentlich
und allein Problematischen, liegt hier in dem Begriffe
des Affiziertseins (Betroffenseins), wie dort in dem der
Erscheinung. Und so wird zur Selbstverständlichkeit für
die »natürliche Einstellung« und den »gesunden Menschenverstand«, was für die Erkenntniskritik zu den
tiefsten und ungelösten Problemen aller und jeder
Wirklichkeitslehre gehört.

Ich sehe denn auch nicht, zu welcher realistischen
»Rückkehr« man sich durch die Hartmannsche Ausführung veranlaßt sehen sollte. Vom »Modus des Betroffenseins« hat sich weder die Menge, noch kritische Philosophie je entfernt; nur daß letztere darin das Kausal-
problem nie verkannt, wenn auch bislang, infolge me-
thodologischer Zerspaltung und Eigenbrötelei, leider
erst teilweise gelöst hat.

Unser Gesamtergebnis wäre somit folgendes: Das jedem geläufige und von niemandem geleugnete Transzendieren des individuellen Bewußtseins, also das Vor-
schreiten zu transindividueller, »realontologischer Erkenntnis« ist psychologisch und grundsätzlich nur
»möglich« auf Grund einer (unbewußt wirkenden) apriorischen Voraussetzung, d.i. der Kausalfunktion, dem

Schlüssel nicht nur zur Erfahrungswissenschaft, zur Zukunft wie zur Vergangenheit (weil zur Induktion), sondern auch zu jeglicher wissenschaftlichen Metaphysik. Ohne diesen Schlüssel wären wir als »fensterlose Monaden« auf Innenwelt eingeschränkt - und nur ein Münchhausen könnte glauben oder versuchen, sich am eignen, »gegebenen« Schopf zur Außenwelt zu erheben.

Ohne die jeder Willkür enthobenen Tiefen der unbewußt funktionierenden apriorischen, logischen und kausalen Geistesgesetzlichkeiten wäre weder naive noch kritische Realontologie möglich, wenn auch weder der Phänomenologe noch der Soziologe als solcher von dergleichen unerfahrbaren Gesetzlichkeiten, von demjenigen, was eben zu den Voraussetzungen aller Erfahrungswissenschaft gehört und was »wir selbst in die Dinge hineinlegen« je etwas spüren oder »schauen« wird. Wenn er deshalb als nicht existierend, nicht wirkend betrachtet, was er nicht sieht, so können wir ihm hier nur noch unser kopernikanisches »*eppure*« [trotzdem] zurufen und auf diese bestverkannten, exponiertesten Unerfahrbarkeiten das alte Wort anwenden:

Denn was kein Verstand des Verständigen sieht,
das übet in Einfalt ein kindlich Gemüt.[25]

---

[25] [Friedrich Schiller: „Die Worte des Glaubens", Vierte Strophe, in: Sämtliche Werke in zehn Bänden. Berliner Ausgabe, Band 1, Gedichte, 437: „Und die Tugend, sie ist kein leerer Schall,/ Der Mensch kann sie üben im Leben,/ Und sollt er auch straucheln überall,/ Er kann nach der göttlichen streben,/ Und was kein Verstand der Verständigen sieht,/ Das übet in Einfalt ein kindlich Gemüt".]

Abschließend wäre zu sagen: »Philosophia prima«, nicht mehr im aristotelisch-dogmatischen, sondern im kantisch-kritischen Sinn, ist und bleibt uns die Erkenntnistheorie, resp. Erkenntniskritik, Vorbedingung zu jeder Metaphysik, die *als Wissenschaft wird auftreten können* - und auch Kollege Hartmann und alle heutigen Realontologen sind von ihrem Geschäft der »Legitimation« des Transzendierens »feierlich und gesetzmäßig so lange suspendiert, bis sie die Frage: *Wie sind synthetische Erkenntnisse a priori möglich?* genugtuend werden beantwortet haben«.

Willy Moog, Braunschweig[26]

Der Wert der Ausführungen von Herrn Hartmann scheint mir vor allem in der von ihm vorgenommenen phänomenologischen Analyse zu liegen, aber es fragt sich, ob damit eine endgültige Entscheidung gegen jede Art von Idealismus gewonnen werden kann. Die phänomenologische Unterscheidung der Akte kann bedeutsam sein auch unabhängig davon, ob sich daraus Argumente für den Realismus ableiten lassen. Hartmann weist für das Problem der Realitätsgegebenheit den emotional-transzendenten Akten eine besondere Stellung an und trennt sie von den Erkenntnisakten, nimmt

---

[26] [Willy Moog: 1888-1935, Philosoph und Pädagoge; 1931: Professor an der Universität Braunschweig.]

eine Übertragung der Realitätsgewißheit von der ersten Art auf die zweite an. Phänomenologisch wäre aber vielleicht gerade von der Verflechtung dieser beiden Aktarten auszugehen. Tut man das aber, dann wird man für die Realitätsgegebenheit auch die logisch-theoretischen Momente unmittelbar mit in Betracht ziehen.

Eine phänomenologische Analyse der Akte kann sich nun ebensowohl in einen Idealismus wie in einen Realismus einbauen lassen. Durch Hartmanns Argumentationen werden wohl manche Formen des Idealismus, wie der subjektive Idealismus, getroffen, aber man kann wohl zweifeln, ob damit auch ein kritischer Idealismus, der die Realitätsgegebenheit anerkennt, ad absurdum geführt ist. Und ebenso kann damit nicht der dialektische Standpunkt Hegels, nach dem der wahre Idealismus zugleich der wahre Realismus ist, erledigt sein. Auch nach Hartmanns Analyse bleibt zum mindesten in einer tieferen Schicht das Problem des Idealismus und des Realismus bestehen, es bleibt die alte Streitfrage, ob das Sein als ὄντως ὄν [Sein des Seienden] im Sinne des platonischen Idealismus oder als οὐσία [Substanz] im Sinne des aristotelischen Realismus zu verstehen ist.

Fritz-Joachim von Rintelen, München[27]

Die Äußerung *Heimsoeths*, daß die gegenwärtige Wendung zum Realismus aus dem Problem der Generationen zu verstehen sei, möchte ich erneut aufgreifen. Auch mir war es als einem der Jüngeren stets selbstverständlich gewesen, daß die Philosophie die primäre Aufgabe hat, eine *reale Wirklichkeit* zu erklären, das *hic et nunc* in seinen Situationen. Jedoch bietet sich hier gleich eine praktische Antinomie in aller Erkenntnis: *Je unwesentlicher* ein Erkenntnisinhalt für die lebendige Wirklichkeit zu sein scheint, um so eindeutiger läßt er sich *rational* begründen, je entscheidender etwas für das Leben ist, umso geringer wird der Grad der theoretischen Erweisbarkeit. Deshalb können wir nicht nur sagen, der Wert einer Philosophie liege in dem Grad ihrer Erweisbarkeit, sondern müssen auch den Grad ihrer *sinnhaften Deutung* und Erfassung der Wirklichkeit beachten. Es ist nicht nur auf die Wahrheit als Sicherheit der *Erkenntnis*, sondern auch auf die Erkenntnis der *Wahrheit* zu achten. – Ich möchte nun nicht das Für und Wider im Realismusproblem erneut besprechen, sondern mich der beschränkten Zeit wegen einfach auf den Boden des Realismus stellen, der jedoch kein unkritischer sein soll, sondern von der Einsicht ausgeht, daß jeder Erkenntnisinhalt in weitem Maße von den Bedingungen des erkennenden Subjektes abhängig ist.

---

[27] [Fritz-Joachim von Rintelen: 1898-1979, Philosoph; 1931: Professor an der Universität München.]

Hartmann hat nun von den *emotional-transzendenten Akten* gesprochen, welche besonders die Eigenschaft aufweisen würden, von einem außerhalb des Empfindungsaktes liegenden Etwas, eben einem *Realen*, hervorgerufen zu werden. Hartmann hat aber auch in seiner Ethik die Ansicht vertreten, daß emotionale Akte vornehmlich im *Werterfassen* vorliegen, wodurch eine In-sich-gegebenheit des Wertes erkannt werde. Wäre nun der Gedanke nicht berechtigt, möchte ich fragen, auch von emotional-transzendierenden Akten zu sprechen, die nicht nur *pessimistisch* die Folge eines Betroffenseins durch Leiden und Sorge sind, sondern die, *optimistisch* empfunden, durch ein *Gutsein*, durch die Realität eines Werthaften hervorgerufen werden. Letztere Akte müßten wir dann desgleichen anerkennen und kämen zur Annahme von Realwerten. Das ist umso verständlicher, als in jedem Werthaften wie in jedem Sollen ja die Tendenz auf Realisierung steckt. Dadurch ist nicht aufgehoben, daß wir eine begriffliche Sphäre *ideal geltender Wertideen* uns zur rein geistigen Gegenständlichkeit erheben können. Der *Wert* wäre dann ein *real gewordener qualitativer Sinngehalt, der das Ziel eines Strebens ist oder werden kann.* Gerade in dieser Wertrealisierung liegt auch dann das von Dessoir geforderte Moment der »schöpferischen Freiheit«.

Zwei Gesichtspunkte aber bestimmen mich besonders, zur Betonung eines *Wertrealismus* zu kommen: erstens die *Wertsteigerung*, zweitens die *Wertindividualität*. Der *Seinsbegriff* geht gewissermaßen auf das horizontal Flächenhafte der Allgemeinbegrifflichkeit aus (z.B. Anwendbarkeit des Begriffes Buche, falls die allgemein begrifflichen Eigentümlichkeiten in einem Individuum vorliegen). Der *Wertbegriff* hat darüber hinaus eine vertikale Tiefendimension. Seine allgemeine Wertqualität soll in der Wirklichkeit nach den verschiedensten Steigerungsgraden in Hinblick auf eine *ideale Erfüllung* realisiert werden, was für den Seinsbegriff nicht von Bedeutung ist. Eine unbegrenzte Möglichkeit solcher Vollkommenheitsgrade bietet sich besonders in der *Wertindividualität* (z.B. ein hochwertiges, resp. ein unbedeutendes Kunstwerk; auch Wertunterschiede der allgemeinen Wertqualitäten wie Vitalwerte – geistige, religiöse Werte sind aufzuzeigen). Da aber ein Wertbegriff auf diese verschiedenartigen Steigerungsgrade und einmaligen individuellen Verwirklichungen, die nur in der Realität vorliegen können, wesentlich eingestellt ist, müssen wir für die Werte die Sphäre der Idealität als rein begrifflicher Geltungen überschreiten. *Newman* deutete einen ähnlichen Gedanken mit den bekannten Worten an: »Es gibt keinen Aspekt, tief genug, um den Inhalt einer realen Idee zu erschöpfen.«

Nach der dargelegten Grundeinstellung findet alsdann der von *Hofmann* geforderte *Sinngedanke* in der historischen Einmaligkeit durch eine möglichst vielseitige und stufenweise Ausprägung wie Realisierung der verschiedenen Wertideen seine Verwirklichung. *Utitz* hat mit Recht diese Anerkennung einer Stufenordnung des Werthaften als typischen Ausdruck abendländischen Kulturgeistes angesprochen. Um aber in der lebendigen Individualität nicht mit *Troeltsch* den Weg zum *relativistischen Historismus* gehen zu müssen, ist es nötig, den entscheidenden Übergang von *Plato* zu *Aristoteles*, von der selbständigen Idee zur immanenten Form zu vollziehen, d.h. in unserem Zusammenhang: Primär sind in der *raum-zeitlichen Realität* die eine Ordnung und das Bonum bedingenden, als ideale Begrifflichkeit faßbaren materialen *Wertformen* aufzuzeigen (vgl. *Lieberts* Idealrealismus). Ihr inhaltliches Bonum kann in der Realität als ein *esse in actu* in verschiedenen *Vollkommenheitsgraden* entfaltet sein. Damit ist unser Hauptgewicht entsprechend der eingangs festgestellten Empfindungsweise der heutigen Generation und der von Hartmann geforderten Verbindung von Philosophie und Leben auf die Realität zu legen, die aber nicht nur als ein Betroffensein von dem Leiden, sondern auch als ein Gefördertsein von dem Werthaften uns entgegentritt und die Möglichkeit für eine reale Werte frei schaffende Tat bietet, um dadurch zur Sinndeutung des geschichtlichen Seins wie des hic et nunc zu kommen.

René Kremer, Löwen (Belgien)[28]

Die Ausführungen, welche hier folgen, gehen aus vom Standpunkt der vergleichenden Kritik der gegenwärtigen Philosophie.

---

[28] [René Kremer: 1887–1934, Philosoph; 1931: Professor an der Université catholique de Louvain.]

1. Die Wendung zum Realismus, wie sie in Professor Hartmanns Ausführungen hervortritt, ist parallel mit derjenigen, welche sich auch in anderen Ländern geltend macht. Ganz ausgesprochen realistisch sind die Hauptströmungen der amerikanischen und englischen Philosophie, mit den Neurealisten und kritischen Realisten R. B. Perry, W. P. Montague, F. J. E. Woodbridge, J. B. Pratt, G. Santayana u.a. im ersteren Lande, und im letzteren etwa mit G. E. Moore, S. Alexander, dem Mathematiker B. Russell und besonders dessen früherem Kollegen und Mitarbeiter A. N. Whitehead u. a. Auch in Frankreich und anderswo könnte man Ansätze zum Realismus aufzählen, nicht nur in der Wiederbelebung des Thomismus, sondern auch bei Maurice Blondel und einigermaßen bei Bergson.

Daß solch ein Parallelismus besteht, spricht m. E. stark für den Wert des Realismus. Wenn wir im Wechsel der philosophischen Anschauungen nicht bloß Mode oder zufällige Produkte der zeitweiligen Kultur sehen wollen, sondern auch Ergebnisse der Selbstkritik, dann müssen wir annehmen, daß diese Rückkehr zu einer älteren Anschauung zeigt, daß der Idealismus in all seinen Formen einem Wesensbedürfnis des Verstandes nicht gerecht wird.

2. Aber dieser Vergleich mit anderen Bewegungen könnte für den ontologischen Realismus auch eine Warnung bedeuten. Um sich bewähren zu können und fruchtbar zu wirken, darf der Realismus das Erkenntnisproblem nicht einfach ausschalten. Die amerikanische Bewegung scheint eben wegen der allzu einfachen Be-

schreibung des Erkennens als rein passive Stellung des erkennenden Subjektes gegenüber dem Objekt gescheitert zu sein und ist in oberflächlichen Naturalismus und sogar Materialismus übergegangen. Unter den Engländern bleibt auch z.b. Alexander schließlich bei einer empiristischen Metaphysik stehen, und Russell hat sich einer Humeschen Anschauung zugewandt, welche von der natürlichen Einstellung so weit wie möglich abweicht. Der tiefere Grund dafür ist eben, daß diese Philosophen der Erkenntniskritik keine genügende Aufmerksamkeit geschenkt haben und zu sehr bei einem Beweis aus dem sogenannten gesunden Menschenverstand stehen bleiben.

Daß eine Philosophie mit der natürlichen Einstellung übereinstimmt, ist zwar keineswegs ein Fehler; es ist im Gegenteil eher zu erwarten, daß der Philosoph, welcher doch nur der raffiniert und systematisch denkende Mensch ist, durch seine Reflexion die spontane Anschauung des wirklich lebenden Menschen feststellt und weiter erklärt.

3. Doch dazu genügt es nicht, die Erkenntnisakte noch so fein zu beschreiben. Man muß eine förmliche Erkenntnistheorie und -kritik ausbauen. Professor Hartmann sagte etwa: »Solange es Skepsis, Idealismus, Nominalismus usw. gibt, bleibt es eine Aufgabe der Ontologie, sich vor allem weiteren der Gegebenheit zu versichern.« Die kritische Frage ist aber nicht nur okkasionell; daß und wie z.B. Kant sie schärfer formuliert hat, soll berücksichtigt werden, denn diese Formulierung – im Gegensatz zu ihrer Lösung – besitzt dauernden Wert.

Die Frage ist, wie die Gegebenheit zur Erkenntnis steht, was Erkenntnis überhaupt ist, in welchem Sinne Subjekt und Objekt zusammentreten. Dies setzt auch eine kritische Prüfung und Anwendung der Prinzipien und die Lösung der klassischen Antinomien der Erkenntnis voraus.

4. Es scheint mir auch, daß die Begriffe Wirklichkeit, Realität, Sein, Wesen, Gegenstand, Welt usw. weit mehr geklärt werden müssen. So mündet die Erkenntniskritik notwendigerweise in eine kritische Metaphysik.

5. Ich möchte noch hervorheben, wie es schon von einem andern Diskussionsredner getan wurde, daß in den emotionalen Akten ein Erkenntnismoment vorhanden ist. Wie sehr man auch die Wirklichkeit des Lebens betont, so muß man doch nicht vergessen, daß es menschliches Leben ist, d.h. durchdrungen von Erkenntnissen, Begriffen oder auch Intuition.

Als Anhänger eines »älteren« Realismus möchte ich wünschen, die neue Ontologie möge die Aufgabe der wirklich kritischen Begründung der Erkenntnis nicht als etwas Sekundäres, Zeitweiliges ansehen, sondern als etwas ganz Wesentliches und philosophisch Unentbehrliches.

Carl Siegel, Graz[29]

Lassen Sie mich an ein in der Diskussion gefallenes Wort (Herrn Lieberts), der Durst nach Wirklichkeit sei für die Philosophie der Gegenwart kennzeichnend, anknüpfen und sagen: Gewiß, ein solcher Durst ist heute im höchsten Grade vorhanden, aber ich glaube nicht, daß er gerade für unsere Zeit und ihre Philosophie spezifisch ist. Alle großen idealistischen Philosophen hatten diesen Durst: ein Heraklit, Platon, ebenso wie Kant, Fichte, Hegel oder auch Malebranche und Berkeley. Nur war dem einen die Wirklichkeit die Vernunft im Sinne des Gesetzes, dem andern die Idee, die Ichheit, Gott. Wie anders hätten sie auch sonst die empirische Wirklichkeit bestreiten oder leugnen können; ist doch, wie die Herren Heimsoeth und Geiger betont haben, die Verdrängung der einen Realität nur durch die andere möglich. Allein der springende Punkt scheint mir anderswo zu liegen, und zwar an folgenden zwei Stellen mit den Fragen: Erstens, wie packe ich die Realität, oder besser, worin soll sie begründet zu finden sein?, im Subjekt, Objekt oder in etwas über beiden Stehendem? Und zweitens: umfaßt die irgendwie zu begründende Realität die empirische Wirklichkeit oder schließt sie sie geradezu aus?

Was Frage 1 betrifft, so scheidet die zweite Möglichkeit wohl für jeden aus, der durch den Kritizismus hindurchgegangen ist. Die dritte Möglichkeit, für die einst

---

[29] [Carl Siegel: 1872-1943, Philosoph und Mathematiker; 1931: Professor an der Universität Graz.]

Schelling eingetreten ist, scheinen die Herren Litt und Plessner z.B. ins Auge gefaßt zu haben. Und wählt man die erste Möglichkeit (Begründung im Subjekt), so kann man noch immer das Subjekt mehr nach der aktiven oder mehr nach der passiven Seite im Auge haben. Das erste gilt z.B. für Descartes; das zweite wohl für den Vortragenden, Herrn Hartmann, dem man mit Unrecht geradezu Passivismus vorgeworfen hat. Vielmehr könnte seine Position in diesem Sinne an die von Alois Riehl erinnern, der in seinem »Philosophischen Kritizismus« dem cartesischen »*cogito, ergo sum*« gegenüber die Formel geprägt hat: »*sentio, ergo sum et est*«.[30]

Was Frage 2 angeht, so wollen wir uns vor Augen halten, daß unter »empirischer Realität« seit Kant die durch eigentliche (theoretische) Erkenntnis zu gewinnende oder zu erarbeitende Wirklichkeit zu verstehen ist. Einer eventuell anderen Realität kann man sich durch die praktische Vernunft (Kant), durch Intuition, Einfühlung (Schopenhauer u.v.a.) oder durch emotional-transzendente Akte (N. Hartmann) in unmittelbarer Weise versichern. Nach Herrn Hartmanns Behauptung handelt es sich nun um Identität dieser und jener Realität, um »dieselbe Welt«. Allein, wie schon Herr Dessoir in sehr bedeutsamer Weise betonte, fehlt für jene Behauptung eine nähere Begründung, und auch was Herr Hartmann darauf entgegnete, konnte nicht befriedigen. Historisch mag daran erinnert werden, daß dieses Prob-

---

[30] [Alois Riehl: Der philosophische Kritizismus und seine Bedeutung für die positive Wissenschaft. Geschichte und System, Band 2, Leipzig 1879, 129.]

lem der »Dieselbigkeit« schon der spätere Platon entdeckt hat; um die Dieselbigkeit zu sichern, sah er sich zur Umformung seiner ursprünglichen (»klassischen«) Ideenlehre geführt. In der neueren Philosophie war es Kant, der, namentlich in seiner Kritik der Urteilskraft, das Problem betonte und seine Lösung anbahnte, bis Fichte und Hegel es in kühner Hypothetik zu lösen unternahmen. Wer aber kein Freund solch kühn metaphysischer Lösungsversuche ist, vielmehr auf dem Standpunkte bescheidener Analyse stehen bleiben will, der mag auch noch heute auf Kant verwiesen sein – auf den Kant vom Jahre 1790.

Toju Yamaguchi, Tokio[31]

fordert einen philosophischen Standpunkt oberhalb von Idealismus und Realismus. Außerdem legt er gegen die Beeinträchtigung der rein theoretischen Haltung der Philosophie durch ethische, ästhetische oder religiöse Motive Verwahrung ein und fordert eine »philosophische Philosophie«.

---

[31] [Toju Yamaguchi (1900-1989), japanischer Philosoph; 1931: Doktorand; ab 1932: Mitarbeiter, später Professor an der Komazawa Universität Tokyo.]

Heinrich Springmeyer, Berlin[32]

Einem Generalbedenken der Diskussion gegenüber versuche ich mir allererst den Weg zum Verständnis des Vorgetragenen frei zu machen. Man machte von mehreren Seiten eine »ewige erkenntnistheoretische Frage« geltend, die man im Vortrag vermißte – und fragte zweifelnd, ob wir denn »überhaupt schon in die philosophische Fragestellung eingetreten« sind, wenn wir »so einfach Ontologie treiben«. Durch all dies ging der Verdacht eines immer noch irgendwo naiven Realismus.

Professor Geiger wies im Voraus solche Einwände zurück; man dürfe nicht fragen: »Wie kann ich nachweisen, daß meine subjektive Überzeugung von der Realität recht hat?«, sondern: »wie kann man widerlegen, daß die aufgewiesenen Akte transzendente Akte sind?« – Das mag richtig sein, aber es ist ein Knoten zerhauen, den es vielmehr zu lösen gilt. Aller sogenannte »kritische Idealismus« nämlich glaubt sich in einer kritischen Selbstbesinnung der Erkenntnis zu der zurückgewiesenen Fragestellung *gezwungen*. Dieser Überlegung gilt es nachzugehen. Würde sie recht behalten, so könnte man nicht wie Professor Geiger die Fragestellung umkehren, ohne schon unkritisch-dogmatisch zu sein.

Es läßt sich noch einsehen, daß sie *nicht* recht behält. Der Idealismus ist selber dort, wo er höchst kritisch zu sein scheint, dogmatisch. Nicht darum erst, weil er, wie

---

[32] [Heinrich Springmeyer (1898-1971), Philosoph 1931: Assistent von Nicolai Hartmann an der Universität Berlin.]

Professor Heimsoeth bemerkte, immer selber am Ende eine neue Realität setzt. Sondern sofern er, um überhaupt am Anfang in die kritische Fragestellung hineinzukommen, verborgene metaphysische Voraussetzungen macht. Die Selbstbesinnung der Erkenntnis bei Kant z.B. bricht gleich am Anfang ab, weil eine handgreifliche Voraussetzung über das »Verhältnis« von Ding an sich und erkennendem Subjekt ihr verbietet, weiterzugehen. Kant *weiß schon* ganz Bestimmtes darüber, und so kommt es erst zu seiner kritischen Fragestellung. Und so ist es überall. Ich erinnere daran, wie heute Prof. Polak Thesen wie: »Im strengen Sinne ist bloß die Wahrnehmung selbst gegeben« und seine Leugnung transzendenter Akte mit der verräterischen Behauptung vertrat: »Es *kann* nicht anders sein.« Darin steckt wie immer ein geheimes Besserwissen über Subjekt »Monade«!) und Erkennen, durch das die weitere Besinnung abgeschnitten wird.

Macht man also auch nur die scheinbar kritische *Fragestellung* mit, so verfällt man schon einem verborgenen, sonst wohl vermeidbaren Dogma. Der typische sogenannte »kritische Realismus« macht sie mit, weshalb man auch seine Versuche vom transzendentalen Idealismus aus mit einem gewissen Wohlwollen gelten läßt. Man hat im Grunde nichts von ihm zu fürchten. Er beraubt sich ja aller Kraft, nicht weil er echt kritisch ist und überhaupt die Schwierigkeiten der »Transzendenz« auf sich nimmt, sondern weil er mit seiner bestimmten, scheinbar kritischen Ausgangsargumentation in Wahrheit unkritisch ist. Wir kommen zum Schluß: diesem *scheinbar* »kritischen« Ausgangspunkt gegenüber ist der von Prof. Hartmann vorgetragene Realismus allerdings »*naiv*«. Aber sofern das nichts anderes bedeutet, als daß hier eine verborgene dogmatische Voraussetzung, die aller weiteren Besinnung die Freiheit nimmt, *nicht mitgemacht wird*, erweist sich der Hartmannsche Realismus gerade in dieser »Naivität« als heute unerhört kritisch.

Kurt Huber, München[33]

Die vielfach gewundene Diskussion dieser Tage scheint mir auch die von Herrn Prof. Hartmann nicht ausdrücklich hervorgehobenen Voraussetzungen seines emotionalen Realismus nach und nach schärfer herausgearbeitet zu haben. Ich darf diese Voraussetzungen, wie sie sich mir darstellen, kurz in vielleicht etwas schematischer Form nochmals skizzieren.

Am Ausgangspunkt auch des Hartmannschen emotionalen Realismus steht der Descartes'sche Satz des Cogito sum, und zwar ganz in der engen, prägnanten Fassung, die Descartes ihm gibt, als eine Konstatierung des auf sich reflektierenden *Einzel-Ich*, das sich in seiner realen Existenz unmittelbar *erlebt*. Diesem ersten Erlebnis von Realität baut sich in den von Hartmann so feinsinnig analysierten Phänomenen des Betroffenseins –

---

[33] [Kurt Huber: 1893-1943, Psychologe und Musikwissenschaftler; 1931: Professor an der Universität München.]

135

wenn ich recht sehe – eine zweite Gruppe reicher Erlebnisse von Realität über, die man ihrem erkenntnistheoretischen Gehalt nach wohl auf die analoge Formel bringen könnte: »Ich bin betroffen von diesem und jenem, es existiert etwas, das mich betrifft.« Nach Hartmann kommt diesem Satz offenbar dieselbe unmittelbare, in keiner Weise zerlegbare oder zurückführbare *Erlebnisevidenz* zu wie dem Cogito-sum-Satz. Das Charakteristische seiner Fassung sehe ich in zwei Momenten: In der Auffassung dieses Grunderlebnisses als eines spezifisch *emotionalen* Aktes, eben des Betroffenseins, und in der erkenntnistheoretischen Ausdehnung seiner Evidenz von der Relation des Betroffenseins auf deren zweites Relat, ein mich »Treffendes«, das mir im Erlebnis *unmittelbar* gegeben sein soll.

Was den zweiten Punkt betrifft, hat sich Hartmann ausdrücklich in seinem Vortrag dagegen gewandt, das Betroffenwerden einfach als Kausalrelation zu interpretieren. Ich kann dem mit anderen Diskussionsrednern nicht beistimmen und bin der Meinung, daß in das Erlebnis des Betroffenseins – gleich welcher Art – die Kausalrelation unaufhebbar mit eingeht, und zwar als *unbewiesene Voraussetzung*. Sie ist nicht die einzige, aber die allgemeinste, sofern sie alle Modi des Betroffenseins umfaßt. Analysiert man jedoch die einzelnen Modi des einfachen, schlichten Betroffenseins, des Vorbetroffenseins und Rückbetroffenseins, wie es Hartmann getan, so zeigen sich da und dort weitere, rein intellektuelle Voraussetzungen als fundierende Momente des Betroffenseins. So, um ein Beispiel zu nennen, in den Modi des

Vorbetroffenseins teils die Voraussetzung einer gewissen Regelmäßigkeit des Weltgeschehens, teils umgekehrt die Voraussetzung seiner unwiederholbaren Einmaligkeit. Ohne erstere Voraussetzung ist keine Erwartung denkbar, die letztere ist – wie Hartmann selbst hervorhob – ein Kernmoment des Vorbetroffenseins in der Neugierde. Ähnlich ließen sich wohl in den übrigen Modi des Betroffenseins intellektuelle Voraussetzungen aufzeigen, welche deren jeweilige Qualität wesentlich bestimmen und für die Gewinnung von Realerkenntnis ungleich wichtiger sind als das bloße Zwangserlebnis des »Ertragen-Müssens«, das allem Betroffensein eignet. Sie, und nicht das Betroffensein, vermitteln eine *gegenständliche Erkenntnis* der Realität, die uns trifft, ausgehend von einer schon kategorial geordneten Wahrnehmung. Aus dem emotionalen Akt des Betroffenseins allein wäre nicht zu entnehmen, ob das uns Treffende Ding ist oder Mensch, Handlung oder Gemeinschaft, noch ob es überhaupt real ist. Besteht doch auch eingebildeten »Realitäten« gegenüber das Erlebnis des Betroffenseins als solches oft in aller Stärke. *Unzweifelhaft gegeben* sind so in dem reinen Akt des emotionalen Betroffenseins nicht die Realitäten selbst, sondern die diese Realitäten vermeinenden Bewußtseinsinhalte. – Der methodische Rückgang auf die emotionale Transzendenz des Betroffenseins genügt daher für sich allein wohl nicht zur wissenschaftlichen Begründung eines Realismus und einer realistischen Ontologie.

Man würde Hartmanns Begründungsversuch wohl überhaupt mißverstehen, zöge man nicht den letztlich ethisch-praktischen Charakter seines Grundansatzes dauernd in Rechnung. Hartmanns Theorie ist der philosophische Ausdruck einer neuen Einstellung zum Leben, geboren aus der Not und Schicksalhaftigkeit des heutigen Menschen. Dies zeigt sich handgreiflich in ihrer Gegenüberstellung zu anderen Formen des Realismus von gestern und heute: Zum »hypothetischen« Realismus der naturwissenschaftlichen Richtung, der in der Bewährung seiner Voraussagen optimistisch die Rechtfertigung der Realitätsannahme erblickt; zum logisch-phänomenologischen Realismus, etwa heutiger Neuscholastik, der aus dem Sinngehalt wahrnehmenden Schauens die Realität des Geschauten mit Evidenz ableitet (Geyser) und die Wertordnung alles Realen in einem »summum bonum« gipfeln läßt, ebenso aber auch zum praktischen, aktivistischen Realismus mit seiner vertrauenden, gleichfalls ethisch fundierten willensmäßigen »Setzung« der Realitätsthesen (K. Groos u.a.). Hartmanns an Geschichte und Geisteswissenschaften orientierter Realismus ist von ganz anderer Grundstimmung getragen, schicksalhaft und fast tragisch dem ungebrochenen Leben mit seiner Härte verhaftet: Es ist der Realismus der Ohrfeige, den uns die Realität täglich und stündlich gibt, auf daß wir nicht über unseren kühnen Gedankenbauten in luftige Höhen ihrer als des Fundaments unseres Seins vergäßen, zugleich aber auch der Realismus der entschlossenen, dem Leben aufgeschlossenen Hinnahme des Seins, wie es ist. In dieser praktisch-ethischen Hinnahme des Seins sehe ich den tiefsten und fruchtbarsten Gedanken des Hartmannschen

Vortrags. Aus dem Zwang zur Tat, zum aktiven Eingriff in die Realität, zur Freiheit erwächst uns an der erlebten Realität die Aufgabe sittlichen Tuns aus der Kraft der eigenen Person wie aus der Sicht auf eine ideale Welt der Werte.

Alois Wenzl, München[34]

Die emotional-transzendenten Akte haben im Prinzip vor den Wahrnehmungsakten als Zeugnis für die Realität nichts voraus. Sie zeigen nur besonders drastisch, daß eine Philosophie auf nicht realistischer Basis ohne Bruch zwischen Leben und Denken nicht wohl möglich ist. Andererseits kann der Realismus zu seiner Begründung die Bezugnahme auf jene Regelmäßigkeiten und Zusammenhänge, die ohne Zwang nicht als produziert und konstruiert angesprochen werden können, nicht entbehren. Stellt man sich aber auf den Boden des Realismus, so sind zwei Konsequenzen unausweichbar:

1. Die Realwissenschaften sind darauf angewiesen, das ihnen in den Phänomenen zufallende Material zu verarbeiten. Mit der durch diese Verarbeitung vorgenommenen Begriffs-, Hypothesen- und Theorienbildung kommt nun die mehrfach besprochene aktive Komponente in sie. Nur im konkreten Fall läßt sich jeweils das eigenartige Ineinandergreifen und wechselsei-

---

[34] [Alois Wenzl: 1887-1967, Philosoph; 1931: Privatdozent an der Universität München.]

tige Bedingtsein aktiver und passiver Faktoren, apriorischer und aposteriorischer Momente aufzeigen. Wesentlich realistischen Charakter behalten die einzelwissenschaftlichen Theorien solange und so weit, wie diese Aktivität erfolgt in der Einstellung auf Orientierung an den Hinweisen, die in den phänomenalen Gegebenheiten selbst, und zwar zumTeil auch in sehr »aufdringlicher« Art, enthalten sind.

2. Indem die Phänomene auf ein Überphänomenales hinweisen, auf etwas, was »wirklicher« ist als sie, tritt für die wissenschaftliche Verarbeitung die Notwendigkeit der Bildung von Begriffen metaphänomenaler Gegenstände auf. Es ist die Überzeugung der Realwissenschaften, daß in ihren metaphänomenalen Ansätzen nicht nur so viel an Realerkenntnis steckt, als durch sie an phänomenalen Gegebenheiten gedeckt wird, sondern daß das mit Takt aufgestellte und in der Regel erst nachträglich methodisch zu rechtfertigende metaphänomenale Beziehungsgefüge mehr und tiefere Realerkenntnis verbürgt als die nur transzendierenden Phänomene und ihre Beziehungen selbst.

In der Überprüfung nun dieses Schrittes über die Phänomene hinaus und des Gehaltes metaphänomenaler Ansätze auf ihre Realerkenntnis hin und in der Angabe von Anweisungen, wie man denn vom Phänomen zum Überphänomenalen, Wirklichen kommt, und von Kriterien für die Kontrolle liegt eine der wichtigsten Aufgaben realistischer Philosophie und Ontologie; denn der Realismus muß sich bewußt sein, daß er bei der phänomenologischen Analyse nicht stehen bleiben kann, daß er zum kritischen Realismus fortschreiten muß und konsequent in Metaphysik mündet.

Helmut Kuhn, Berlin[35]

Die folgenden Bemerkungen beschäftigen sich mit den für die Ausführungen N. Hartmanns zentralen Begriffen des »Realitätszeugnisses« und des »Gewichts« dieser Zeugnisse. Wodurch, frage ich, sind diese Zeugnisse herausgefordert? Kann überhaupt - und wie kann Realität fraglich werden? Für N. Hartmann trat diese Frage zurück. Er erledigte sie mit dem Hinweis: daß es so etwas wie eine idealistische und skeptische Bezweiflung der Realität gäbe. Die unumgängliche Wichtigkeit dieser Frage möchte ich demgegenüber in dem Satz aussprechen: *Die Front jeder Realitätsbezeugung ist orientiert (ausdrücklich oder insgeheim) an einer entsprechenden Form der Realitätsbezweiflung.* Dies scheint mir auch für die Darlegungen N. Hartmanns zuzutreffen. Einige Hindeutungen auf diesen Zusammenhang mögen zugleich als Ansätze einer kritischen Weiterführung gelten.

Ich möchte drei Formen der Realitätsbezweiflung unterscheiden: 1. das pseudologische Argument, 2. das korrelativistische Argument, 3. das Argument aus der Sinnhaftigkeit.

---

[35] [Helmut Kuhn: 1899-1991, Philosoph; 1931: Privatdozent an der Universität Berlin.]

Die pseudologische Realitätsbezweiflung stützt sich auf die bekannten Täuschungsmöglichkeiten, deren Theorie die antike Skepsis vorbildlich entwickelt hat. Es ist dies das philosophisch belangloseste Argument. Denn, wie Moritz Geiger treffend zeigte[36], ist eine Illusion nur denkbar auf dem Boden einer vorausgesetzten Realität. Nun scheint mir Hartmanns Begriff der »Schwere« eines Realitätszeugnisses wesentlich an diesem philosophisch belanglosesten »pseudologischen Argument« orientiert zu sein. Zwar können auch emotional-transzendente Akte, denen der Subjektsmodus des »Betroffenseins« entspricht, über Realität ohne weiteres und überall als Zeugnis für eine transzendente Realität im Sinne dieses Arguments angeführt werden (so kann uns z.B. auch Trauer »überkommen«, ein Gedanke kann uns »überfallen«). Aber darin haben wir Hartmann beizupflichten: in der Sphäre praktischen Verhaltens, in der die emotional-transzendenten Akte ihren Ort haben, findet die Realitätstäuschung ihre sofortige Selbstkorrektur. Die Illusion über die Realität löst sich in der Desillusionierung durch den Umgang auf. Die Realitätsbezweiflung wird hier wesenlos. Hingegen vermag sich die Illusion in der relativ isolierten Sphäre der Erkenntnis zu erhalten und der Realitätsbezweiflung zur Unterlage dienen.

Im Hinblick auf diesen Sachverhalt, aber auch nur in dieser Beschränkung, scheint mir die von Hartmann entworfene Staffelung der Realitätszeugnisse nach ich-

---

[36] [Vgl. oben S. 62f.]

rem Gewicht zurecht zu bestehen. Wenn nun seine Beweisführung diesen Sachverhalt über seine Tragfähigkeit hinaus belastet, so ist das nur durch Mitwirken anderer Motive zu erklären. Dem alltäglichen Phänomen der Desillusionierung, in welchem die Realität beim Umgang mit ihr aller Bezweiflung gegenüber sich selbst bezeugt, scheint eine andersartige Desillusionierung ein ihm an sich nicht zukommendes Gewicht zu leihen. Diese gegen den Menschen andrängende, ihn »betreffende« Wirklichkeit muß sich offenbar im Zerbrechen einer idealistischen Illusion bezeugen, um in dieser Gestalt auftreten zu können.

Diese tieferen Motive blieben im Hintergrund. Daß aber im Vordergrund der Argumentation die angeführten Realitätszeugnisse und ihre Gewichtsabmessung tatsächlich an dieser einen pseudologischen oder illusionistischen Form der Realitätsbezweiflung orientiert sind, zeigt sich aufs klarste, wenn wir sie den beiden anderen Argumenten gegenüberstellen und bemerken, wie sie hier ihre Kraft verlieren.

Das korrelativistische Argument bezweifelt die Ablösbarkeit der Realität aus der Subjekt-Objekt-Relation. Es behauptet, die Realität sei durch sich selbst, wenn nicht objectum, so doch objicendum. Der Sinn dieser Behauptung ändert sich je nach der Bestimmung des »Subjekts«: ob hier das konkrete Einzel-Ich, ein anthropologisches Subjekt oder ein transzendentales Subjekt zu verstehen ist. Allgemein läßt sich nun der Satz aufstellen: je konkreter der Subjektbegriff gefaßt ist, desto näher liegt die Möglichkeit der Leugnung einer (korrelativ nicht gebundenen) Realität. Diesem Satz gegenüber erscheint Hartmanns Staffelung der Realitätszeugnisse als ein Paradoxon. Denn gerade die emotional-transzendenten Akte fordern einen sehr konkreten Subjektsbegriff, und gerade die in diesen Akten gegebene Realität ist am schwersten aus der Für-Beziehung zu lösen, ist am engsten mit der Beschaffenheit und Zuständlichkeit des Erlebenden verflochten. - Auf diesen Einwand mag man erwidern, daß er die qualitative Beschaffenheit der Realität, nicht ihr Sein überhaupt trifft. Doch scheint es bedenklich, dies beides nicht nur reinlich zu trennen, sondern in eine so gegensätzliche Stellung zu bringen, daß dort, wo die Realität sich am entschiedensten bezeugt, am wenigsten über ihre objektive Beschaffenheit auszusagen ist. Das Festhalten dieser Gegensätzlichkeit scheint nur noch eine »negative Ontologie« zuzulassen.

Das dritte Argument (wir nannten es das »Argument aus der Sinnhaftigkeit«) enthält die tiefsten Motive idealistischer Realitätsbezweiflung, genauer Realitätskritik. Es geht davon aus, daß Realität als eine irgendwie geordnete gegeben ist. Da nun die ordnungs- und sinnstiftende Funktion des Subjekts durch Werktätigkeit, Sprache usw. bezeugt ist, wird die sinnhafte Ordnung auch der Realität einem (wie immer bestimmten) Subjekt zugeschrieben. Hieraus kann sich dann gemäß den Differenzen des Geordnetseins eine Lehre von den Graden der Realität entwickeln. – Solange wir den Sinn dieses Argumentes weniger in Realitätskritik als in Realitätsbezweiflung sehen, stimmen die Überlegungen Hartmanns aufs Beste mit ihm überein. Denn in der Tat wird die Realität in ihrer (nach Hartmann) stärksten Bezeugung am wenigsten von diesem Argument getroffen. Nur wird damit gleichzeitig das Aufbauprinzip nicht nur der idealistischen, sondern aller Metaphysik in Frage gestellt. Auch hier wieder scheint nur die Möglichkeit einer »negativen Ontologie« übrigzubleiben.

Aus diesen Gedanken folgt nichts weniger als die Forderung einer idealistischen Position. Gefordert wird vielmehr, daß die Beibringung von Realitätszeugnissen sich mit kritischer Bewußtheit an den möglichen Formen der Bezweiflung orientiere, d.h. aber, daß sie zugleich Kritik des Realitätsbegriffes sei. Sonst bleibt schließlich dunkel, sowohl was da bezeugt werden soll, wie auch, warum es der Zeugnisse bedarf. Eine solche Kritik wird Kritik des Wesens der Subjektivität, wenn man will, eine anthropologische Grundlegung sein müssen. Dies war es, was als Forderung an verschiedenen Stellen aus Hartmanns Gedankengang hervorleuchtete. Denn was bedeutet z.B. der Begriff eines »Modus des Betroffenseins« anderes als eine philosophische Anthropologie in nuce? Hier scheint in der Tat ein Weg in den Bereich der *philosophia prima* zu führen.

Herr Litt hat in unserer Diskussion die Gigantomachie
von Idealismus und Realismus vermißt. Das Vermißte
hat sich indessen noch eingestellt, der Idealismus hat
seine Vertreter gefunden. Die Herren Polak, van der
Vaart Smit, Hofmann, Liebert, Sauer, Moog, Kraft, Kuhn
haben idealistisch argumentiert. Eindeutig auf den Boden des Realismus haben sich nur die Herren Geiger,
Kremer, von Rintelen, Springmeyer und allenfalls noch
Herr Wenzl gestellt. Bei den übrigen höre ich eine deut-
liche Stellungnahme nicht heraus. Natürlich meine ich
auch nicht, daß es darauf allein ankäme. Es ist mir im
Gegenteil eine erfreuliche Erfahrung, daß hier im Ganzen weit mehr über Phänomene und Argumente als
über Standpunkte und Ismen disputiert worden ist. Es
sind denn auch weit weniger Mißverständnisse unterge-
laufen, als ich bei der Art und Begrenzung meines The-
mas befürchten mußte. Nur in zwei Punkten glaube ich
wirklich nicht recht verstanden worden zu sein; der eine
betrifft den mir nachgesagten Anti-Intellektualismus,
der andere den mehrfach gerügten »Passivismus«.
Beide sind nicht zentral gestellt, und zum Teil mag der
Anstoß in meiner Darstellungsform gelegen haben. Als
sachlicher Mittelpunkt der Diskussion hat sich zu meiner Freude immer mehr das Problem der emotional-

---

[37] Dieses Schlußwort konnte sich auf der Tagung selbst wegen Begrenztheit der Zeit nur in Andeutungen bewegen. Es ist für die
Drucklegung bedeutend erweitert worden. Die Hauptlinien aber
sind festgehalten.

transzendenten Akte herausgestellt; und die wichtigsten Einwände, die mir gemacht worden sind, gehen gegen das Gewicht der Realitätsgegebenheit in diesen Akten. Daneben tritt als zweiter Angriffspunkt der von mir gezogene »Schluß«, der das Gewicht dieser Gegebenheit auf den Erkenntnisakt überträgt.

Es ist selbstverständlich, daß ich hier nicht auf alles eingehen kann, was einer Antwort wert wäre. Ich muß zusammenfassen und auswählen ‒ wobei ich für objektive Gerechtigkeit der Auswahl nicht einstehen kann. Ich beginne mit den standpunktlichen Dingen.

Die schwierigsten Gegner sind für den Realisten die realistischen. Herr Geiger hat meine Bemühungen um Realitätsgegebenheiten für glatterdings überflüssig erklärt. Für die Realität bedürfe es keiner »Nachweismethode«; es genüge, dem Skeptiker die Beweislast zu überlassen. So habe ich es vor zehn Jahren in der »Metaphysik der Erkenntnis« auch als *ultima ratio* gelten lassen.[38] Und vom Erkenntnisphänomen aus ist es anders nicht möglich. Es könnte wohl auch formal genügen, aber – wie Herr Springmeyer gesagt hat– es »es ist ein Knoten zerhauen, den es vielmehr zu lösen gilt«. Und vor allem, es führt zu keiner Verständigung. Man muß auch schon die Gründe der eigenen Position aufdecken, und zwar die positiven, die in aufweisbaren Phänomenen liegen. Bloße »Widerlegungsmethoden«, sie mögen

---

[38] [Vgl. Nicolai Hartmann: Grundzüge einer Metaphysik der Erkenntnis, Berlin und Leipzig 1921. 4. Teil, V. Abschnitt, Kapitel 53–55, 363-389.]

so exakt sein wie sie wollen, überzeugen niemanden. Nur das Positive hat Kraft einzuleuchten. Herr Geiger kennt diese goldene Regel besser als irgendeiner und hat sie getreulich befolgt, als er seiner Zeit den Nachweis für die psychische Realität führte. Es geht ja auch nicht an, dem Gegner Beweislast zuzuschieben, wenn man nicht zeigen kann, warum man es tut. Und wie könnte man das anders zeigen als an den einschlägigen Phänomenen? Ich glaube keineswegs, daß man dabei in die Lage kommt, »so zu tun, als ob zunächst die Realitätsgegebenheit eine bloße subjektumschlossene Gegebenheit wäre«. Es bedarf der Fiktion nicht; gerade die transzendenten Akte zeigen eindeutig das Gegenteil, und darin eben besteht ihre Transzendenz. Das Transzendieren der Akte ist ja kein nachträgliches – etwa einem vorgegebenen immanenten Bewußtseinsinhalt erst folgendes –, es ist vielmehr die ursprünglich gegebene Verbundenheit des Subjekts mit seiner Welt, in der es steht. Nur in diesem Sinne habe ich von Akttranszendenz gesprochen. Was ich meine, ist aber dieses: es ist zu wenig, solche Verbundenheit einfach zu behaupten. Man muß und kann ihre Struktur aufweisen. Und dazu ist es erforderlich, die einzelnen Aktfäden im Geflecht zu verfolgen.

Daß ich hierbei die emotionalen Komponenten bevorzugt habe, liegt nicht an einer Unterschätzung des Erkenntnisproblems, sondern an einer Rangordnung der Phänomene, die nicht von uns gemacht und nicht für uns verschiebbar ist. Hier weiche ich weit von Herrn Geiger ab, der mit Husserl an der Gleichwertigkeit aller

Phänomene festhält. Das mag für Bewußtseinsfragen angehen, soweit sie nicht über intentionale Gegenständlichkeit hinausgehen. Für Erkenntnis- und Seinsfragen geht es nicht an. Das Realitätsgewicht in den Aktphänomenen stuft sich ebenso mannigfaltig ab wie ihr objektiver Gehalt, nur im umgekehrten Verhältnis. Die transzendenzstärksten Akte sind nicht die objektivsten. Die Erkenntnisakte sind zwar die gegenständlich bestimmtesten und reichsten, aber als Realitätszeugnis die schwächsten. Darum mußten sie hier zurückstehen. Und darum geht es nicht an, mit Herrn Geiger zu sagen: »Was der einen Realitätsgegebenheit recht ist, ist der anderen billig«.

Auch Herr Kremer, als »Anhänger eines älteren Realismus«, erhebt einen ähnlichen Vorwurf. Er beanstandet geradezu die Ausschaltung des Erkenntnisproblems. Hier scheint mir eine Verwechslung mit Heidegger vorzuliegen. Ich habe vielmehr bei einer Vorfrage der Erkenntnistheorie gestanden, die ihr den Boden bereiten sollte. Auch liegt es mir fern, das Erkenntnisproblem »bloß occasionell« zu verstehen. Das Problem bildet gewiß eine dauernde und notwendige Aufgabe, aber das hindert nicht, daß es die Front gegen jeweilig bestehenden Skeptizismus und Idealismus richten muß.

Wie Herr Kremer ein Fortschreiten zur kritischen Erkenntnistheorie vermißt, so Herr Wenzl ein solches zur kritischen Metaphysik und Herr v. Rintelen ein solches zum Wertrealismus. Es ließen sich wohl noch mehr standpunktliche Wünsche daranhängen. Dem allem gegenüber darf ich erinnern, daß ich hier nur eine eng begrenzte Voruntersuchung gebracht habe, ohne die m.E. in allen diesen Richtungen nicht vorwärts zu kommen ist. Ob sich daraus Konsequenzen in metaphysischer Richtung ergeben, ist von hier aus nicht zu sehen. Und wenn man solche vorsehen wollte, so beginge man den Fehler, Vorurteile in die Phänomenanalyse hineinzutragen. Das Erfordernis methodischer Vorsicht, das sich hieraus ergibt, hat Herr Heimsoeth unübertrefflich klargestellt. Vor metaphysischen Wünschen in der Ausgangsstellung möchte ich überhaupt warnen. Philosophische Untersuchung hat ihr eigenes Tempo; wer es willkürlich beschleunigt – sei es in spekulativer Ungeduld oder in unbewußter Voreingenommenheit –, wird aus dem Gleis geworfen. Insonderheit möchte ich gegen den beliebten Wertrealismus mit teleologischem Denkschema zur Vorsicht mahnen. Er ist das weltanschaulich Bequemste, das sich denken läßt, gefährdet aber das Verständnis der eigentlichen Grundprobleme – der ethischen wie der theoretischen – auf der ganzen Linie. –

Unter den Idealisten unternimmt es Herr Kuhn, mir eine falsche Frontrichtung nachzuweisen. Von den drei Formen der Realitätsbezweiflung, die er anführt, hätte ich nur die erste, das »pseudologische Argument« berücksichtigt, und das gerade sei »das philosophisch belangloseste«. Hier bin ich anderer Ansicht. Das »korrelativistische« und das »Argument aus der Sinnhaftigkeit« sind zwar spekulativ viel tiefsinniger, aber sie stehen beide auf schwachen Beinen. Herr Kuhn hat m.E. Tiefsinn mit Stichhaltigkeit verwechselt. Der vielberufenen Subjekt-Objekt-Relation, die sich freilich im Erkenntnisphänomen aufzeigen läßt, steht schon ebenda, im Phänomen selbst, ein anderes gegenüber, das sich ebenso leicht aufzeigen läßt: das Bewußtsein der Unabhängigkeit des Objekts vom Subjekt. Das ergibt eine Antinomie, und wie sie zu lösen ist, gehört in die Metaphysik der Erkenntnis. Wie man sie aber auch löst, wegdeuten läßt sich das Gegenphänomen nicht, und für ein »korrelativistisches Argument« zur Idealität des Objekts ergibt sich keine Basis. Noch schlimmer steht es mit der »Sinnhaftigkeit«. Es ist ein alter Irrtum, bestehende »Ordnung« in der Welt mit »Sinn« gleichzusetzen, wenigstens wenn man unter Sinn mehr als Gesetzlichkeit versteht. Versteht man aber nicht mehr darunter, so springt auch kein idealistisches Argument heraus. Gesetze können in der Welt auch »an sich« bestehen, und das Rätsel, wie der Mensch um sie wissen kann, ist dann eine bloße Erkenntnisfrage. Wirklicher »Sinn« dagegen, der mehr als »Ordnung« ist, verträgt sich mit Realität der Welt genau so gut wie mit Idealität. Mit solchen »tiefen« Argumenten hat man leichtes Spiel, wenn man sich sauber an die Phänomene hält. Gewichtig dagegen bleibt gerade das »oberflächliche« Argument der Skepsis. Und mit diesem macht es sich Herr Kuhn, wie mir scheint, viel zu leicht, wenn er es zu einem bloß »pseudologischen« degradiert. Es ist kein vornehmes Argument, das sei zugestanden, aber ein gewichtiges und ein noch unbewältigtes.

Den sprechenden Beweis dafür hat Herr Polak geliefert. Nach ihm ist alles Wissen um Realität »sinnlich vermittelt«, ja es ist »erschlossen« aus Sinnesdaten, und zwar kausal erschlossen. Damit stellt er sich so dicht neben den Solipsisten, dem er die Existenz bestreitet, daß er vielmehr dessen Existenz mitten unter uns nahezu ad oculos demonstriert. Herr Polak meint im Ernst, wir seien bis auf die Sinne »gnoseologisch fensterlose Monaden«, und nur das setzende Denken griffe darüber hinaus. Deswegen sei weder von Phänomenen noch von Akten irgendetwas zu erwarten, was von Realität zeugen könnte; über das Sinneszeugnis hinaus sei alles »Deutung«. Das ist wenigstens ein klarer Standpunkt. Ich vermute, daß noch heute gar nicht wenige ihn teilen. Herr Polak behauptet zwar: »mir ist keine Philosophie bekannt, gegen welche die Realität von Hartmanns geschichtlicher Welt gesichert zu werden brauchte.« Er hat mich aber des Nachweises überhoben, daß eine Philosophie dieser Art existiert. Es ist die seinige. Gerade so eine meine ich. Daß er aber auf dieser Basis Kant auslegen will, scheint mir nun doch eine Überheblichkeit. Daß er dann auch dem Phänomen der transzendenten Akte keine Bedeutung abgewinnt, kann nicht wundernehmen. Er geht auf das Phänomen selbst ja auch nicht ein, legt dem Gesagten eine sehr gewagte kausalistische Deutung unter, für deren Recht er sich nur auf Heymans beruft. Herr Polak versteht das Betroffensein als ein mechanisches Gestoßenwerden. Einen anderen Typus des Abhängigseins scheint er nicht zu kennen. trägt man eine so primitiv mechanistische Voraussetzung an emotionale Aktphänomene heran, so kann man freilich nicht hoffen, ihnen ihre Wesensstrukturen abzugewinnen. Aber freilich hat man dann leicht erklären: »Es gibt keine Realphänomene«. Das Merkwürdige ist nur, daß Herr Polak schließlich doch gerade die Hauptsache einräumt – fast möchte ich glauben, ohne zu bemerken, daß er es tut. Er sagt: »Ginge alles für jedes Individuum glatt nach eigenem Willen und logisch aus eigener innerer Gesetzlichkeit hervor…, so frage ich: bliebe von allen Hartmannschen Zeugnissen auch nur ein einziges übrig?« Ich antworte: gewiß nicht. Es geht aber niemandem alles glatt. So wird denn wohl etwas übrigbleiben.

»Ich kann nur etwas erfahren, wenn mir etwas widerfährt«, an diesem Satze nimmt Herr van der Vaart Smit Anstoß. Er meint, das verstoße gegen die Kantische Spontaneität des Subjekts. Ich kann das nicht finden. Spontan wäre doch nur das Apriorische in der Erkenntnis; nach Kant aber gibt es ein Wissen um Realität nur aus Erfahrung, nicht *a priori*. Und was die »religiöse Erfahrung« anlangt, so meine ich zwar nicht, daß man aus ihr die Realität Gottes direkt »beweisen« könnte, wohl aber daß in ihr die Realität Gottes unmittelbar gegeben sein könnte. Auch das freilich nur, wenn es religiöse Erfahrung im Sinne wirklichen Erfaßtseins von höherer Gewalt gibt; keineswegs aber wenn es sich bloß um theologisches Interessiertsein für Gott handelt. Herr Dessoir hat es gerügt, daß ich diese Art Erfahrung aus dem Spiel gelassen habe. Ich tat es deshalb, weil sie weder allgemein noch unbestritten ist, und überdies nicht die Realität der Ding- und Menschenwelt betrifft. Sonst aber würde ich sagen: das, was Herr Dessoir das »religiöse Urphänomen« genannt hat, würde – genügend verbürgt – allerdings »die Zugehörigkeit Gottes zu unserer Erfahrungswelt« erweisen. Die letztere freilich müßte dann entsprechend dem Begriff der »religiösen Erfahrung« erweitert verstanden werden.

Für einen höheren Idealismus, einen solchen des »Sinnes«, ist Herr Hofmann eingetreten. Dagegen wäre nichts zu sagen, wenn er nicht so weit ginge, die ganze Seinsfrage in eine Sinnfrage aufzulösen. Wohl gibt es »Aussagen über das Seiende als über mögliche Gegenstände«. Aber der »Sinn« von Realität ist gerade die Unabhängigkeit von der Aussage, und Sein geht nicht in Gegenstandsein auf.

Herr Moog meint, der wahre Idealismus erkenne Realitätsgegebenheit an, er sei also von meiner Kritik nicht getroffen. Ein solcher wahrer Idealismus müßte dann aber auch die Konsequenz ziehen, diese »anerkannte« Realität der Welt – und zwar der empirischen – als an sich seiende gelten zu lassen. Ich zweifle, ob Herr Moog einen solchen Idealismus noch wahren Idealismus nennen würde. Es ist gefährlich, sich auf »tiefere Schichten« zu berufen, wenn man nicht bereit ist, die Folgerung daraus für die Oberfläche zu ziehen.

Herr Kraft lehnt nach [Leonard] Nelsonscher Art die Erkenntnistheorie in Bausch und Bogen ab. So muß er denn natürlich auch die transzendenten Akte ablehnen. Er irrt sich aber, wenn er meint, ich hätte an diesen Akten eine »Aufhebung des Transzendenzverhältnisses zwischen ihnen selbst und ihrem Gegenstande« aufzeigen wollen. Das Gegenteil glaube ich dargetan zu haben, nämlich gerade die Transzendenz der Akte selbst: es sind Akte, die nicht im Bewußtsein allein spielen, sondern das Bewußtsein mit etwas von ihm Unabhängigem verbinden. Und dieses Unabhängige sind keineswegs, wie Herr Kraft meint, die Wertqualitäten.

Sofern der Idealismus sich auf die These der Autonomie des geistigen Seins zurückzieht – und diese These dürfte sein innerstes Motiv sein –, ist er unangreifbar und ein notwendiger Bestandteil aller tieferen Weltanschauung. Darin möchte ich Herrn Liebert recht geben. Daß man »Idealismus« so verstehen kann, dafür gibt es große Beispiele. Bedenken aber habe ich gegen die Rücklenkung auf Schellings »Idealrealismus«. Der gerade geht viel weiter; das allein Reale ist hier der Geist, alles übrige nur seine Erscheinungsform. Herrn Liebert schwebt eine Synthese von Idealismus und Realismus vor. Es ist, so will mir scheinen, kein Zufall, daß die Synthese nie gelungen ist. Der Mensch müßte dazu eine »Position« jenseits von Idealismus und Realismus gewinnen. Was ein Ding der Unmöglichkeit ist. Zu Unrecht beruft sich Herr Liebert hier auf meinen Kant-Artikel von 1924[39]: man kann in der Problemaufrollung vieler Grundfragen sich wohl »diesseits« von Idealismus und Realismus halten, d.h. diesseits der Entscheidung zwischen ihnen, aber man kann nicht jenseits von ihnen zu stehen kommen. Anders ist es mit Materie und Geist. Ihr Gegensatz ist nicht Widerspruch, wie der der

---

[39] [Nicolai Hartmann: Diesseits von Idealismus und Realismus. Ein Beitrag zur Scheidung des Geschichtlichen und Übergeschichtlichen in der Kantischen Philosophie, in: Kleinere Schriften, Band 2: Abhandlungen zur Philosophie-Geschichte, Berlin 1957, 278-322.]

standpunktlichen Haltungen; sie lassen sich leicht in einer Weltanschauung vereinigen. Dazu hat man, auch bei voller Autonomie beider, eine Jenseitsstellung so wenig nötig wie eine dialektische Synthese. Beide vielmehr sind von derselben Realität umschlossen. Und wer sich das klar macht, steht auf dem Boden des Realismus.

Ohne eigene idealistische Tendenz hat Herr Heimsoeth eine Rechtfertigung des älteren Idealismus versucht. Die großen Idealisten haben alle nur eine bestimmte Realität zugunsten einer anderen aufgehoben. Die andere ist dann eine höhere, sei es nun die des geistigen Seins oder eine überhauptwelttranszendente. Das soll nicht bestritten werden. Fraglich bleibt mir nur, 1. ob es denn nötig ist, das Ansichsein der Dinge zu bestreiten, um das des Geistes oder Gottes zu erweisen, und 2. ob es angängig ist. Für das erste sehe ich keinen Grund, Realität hat Raum für Geist und Materie, Welt und Gott. Für das zweite sehe ich angesichts der transzendenten Akte keine Möglichkeit. Wer da sagt »Geist oder Materie«, der hat in einer Welt wie der unsrigen schon verspielt. Die wirkliche Welt ist offensichtlich beides. Das war immer der Grundfehler: man glaubte sich »entscheiden« zu müssen für das eine oder das andere. Der Philosoph hat gar nichts zu entscheiden. Er hat hinzunehmen und zu begreifen.

Herr Stenzel wiederum suchte – offenbar verführt durch den Terminus »Ontologie« – auf eine Auseinandersetzung mit Heidegger hinzudrängen. Das liegt nun hier sehr weit ab. Ich kann mich da auf Herrn Heimsoeth berufen, der den Gegensatz sehr genau getroffen hat (in seinem Punkt 5): Ontologie-Ansätze von »bestimmten weltanschaulichen Tendenzen« aus sind etwas ganz anderes als eine Lehre vom Sein »der natürlichen und geschichtlichen Erfahrung«. Nur ein Sein der letzteren Art habe ich im Auge gehabt. Im Übrigen scheint mir gerade Heidegger dem deutschen Idealismus bedenklich nahe zu stehen. Auch er entwertet die natürliche Realität zugunsten einer höheren. Wie denn die Welt ihm nur die »je meinige« ist. Den Ansatz zu einer »Fundamentalontologie« finde ich hier überhaupt nicht. –

In der Kritik meiner Analyse der emotional-transzendenten Akte ist Herr Plessner am Weitesten gegangen. Es sind nach ihm überhaupt keine Akte. Ich könnte darauf einfach erwidern, daß mir an dem von Herrn Plessner hineingetragenen »Aktschema« – es ist das Husserlsche, nicht das meinige – nichts liegt. In der Tat, ob man Erwarten, Hoffen, Fürchten, Ertragen, Wollen, Gesinntsein, Handeln noch »Akte« nennen will oder nicht, das ändert nichts an dem, was auch Herr Plessner an ihnen als »ihre unvergleichliche Durchlässigkeit für die realen Gewalten« rühmt. Und nur auf diese kommt es an. Freilich will Herr Plessner sie nicht als »Transzendenz« gelten lassen. Zur Transzendenz gehöre »die Möglichkeit immanenten Abgekammertseins« des Subjekts sowie die »Kluft« zwischen ihm und dem Objekt. Hier wird der Einwand ernst.

Um es kurz zu sagen: gerade umgekehrt, das Fehlen der Kluft und des Abgekammertseins ist nichts anderes als die von mir geschilderte Transzendenz dieser Akte. Von einem nachträglichen Durchbrechen der Subjektsgrenze habe ich überhaupt nicht gesprochen, weder bei den transzendenten Akten noch sonstwo. Die beliebte Vorstellungsweise, als wäre das Subjekt zuerst einmal in sich gefangen und müßte dann erst ausbrechen, um ein Realitätsbewußtsein zu gewinnen – eine Ansicht, die mir heute von mehr als einer Seite nachgesagt wurde –, ist die meinige nicht. Es gibt kein wirkliches Bewußtsein, das nicht von vornherein aufgeschlossen im Zuge der Realgeschehnisse drinstände. Aber das Drinstehen, sofern es ein erlebendes und bewußtes ist, hat seine sehr besonderen Strukturen. Die Mannigfaltigkeit dieser Strukturen ist es, die ich in den emotional-transzendenten Akten einzufangen und zu beschreiben versucht habe. Das Bewußtsein der Verbundenheit mit der übrigen realen Welt (denn auch das Subjekt ist real) habe ich das »Realitätszeugnis« oder die »Realitätsgegebenheit« in diesen Akten genannt. Hält man dieses fest, so ist der Gegensatz der Meinungen klar. Herr Plessner sagt: wo keine Kluft ist, da ist auch keine Transzendenz; ich sage: wo Transzendenz ist, da gibt es keine Kluft. Dieser Gegensatz läßt sich nicht überbrücken.

Das letztere richtet sich teilweise auch gegen Herrn Litt, sofern er in meinen Aktanalysen die »Annahme einer ursprünglichen Abgeschlossenheit« vermutet und die emotionalen Akte als solche versteht, die das Subjekt »zunächst einmal als reines Innengeschehen für sich erlebt«. Da bleibt dann freilich für die Transzendenz kaum etwas anderes übrig als die Form eines »Schlusses auf die Realität«. Mit Recht erklärt Herr Litt diese Darstellung »für phänomenologisch falsch«. Der Irrtum ist nur, daß er sie für die meinige hält. Auf Herrn Polaks Ausführungen würde sie wohl zutreffen. Natürlich ist es so, daß ein Mensch sich im Erleben schon »in der Welt findet«. Die emotional-transzendenten Akte aber sind nichts als die Modi dieses Sich-Findens. Denn auf die Modi kommt es an. Es will wenig besagen, das Sich-Finden summarisch zu behaupten. Man muß es in die Mannigfaltigkeit seiner Wesensstrukturen hinein verfolgen. Nur so kann der Ontologie gedient sein. Nur so nämlich gelangt man an aufweisbare Phänomene. In den Phänomenen liegt der Grund, warum sich eine Verbundenheit des Menschen mit seinem weiteren Daseinskreise »vor« dem Erleben, Erfahren, Wollen usw. in keiner Weise aufzeigen läßt. Wie es kein Subjekt vor oder neben seinen Akten gibt, so auch keinen Lebenszusammenhang des Subjekts vor oder neben der Mannigfaltigkeit der Akte, in denen sein Leben und Erleben besteht.

Als Dritter hat Herr Huber in ähnlichem Sinne argumentiert. Er macht aus dem Betroffensein ein Analogon zum Cartesischen Cogito: »Ich bin betroffen von diesem oder jenem, es existiert etwas, was mich betrifft.« Das wäre richtig, wenn sich nachweisen ließe, daß die Realitätsgewißheit im Betroffensein auf einen nachfolgenden Schlußakt wartete und vor ihm gar nicht zustande käme. Ich weiß nicht, wie Herr Huber das nachzuweisen gedenkt. Gegeben ist ja niemals das nackte Betroffensein (das kommt gar nicht vor), gegeben ist stets ein Betroffensein von etwas, das eben damit sich als Reales aufdrängt. Daß hier »intellektuelle Voraussetzungen« in das Erleben hineinspielten, kann ich nicht finden, seien sie nun kausal oder sonstwie beschaffen. Freilich im Gefolge des Erlebens setzen sie ein, und dann wandeln sie das Erlebnis in Erkenntnis. Aber gerade die Gegebenheit des Seinsmodus ist vor der gegenständlichen Erkenntnis da. Und der Erkenntnis würde alle Gegenständlichkeit nichts nützen, wenn ihr die Realität als solche (der Seinsmodus des Erkannten) nicht vorgegeben wäre.

Anders faßt Herr Hofmann das Verhältnis zur Erkenntnis: es müßten in den emotional-transzendenten Akten auch »spezifisch erkennende Momente« enthalten sein. Das wird man zugeben dürfen, wenn man den Erkenntnisbegriff entsprechend weit faßt. Sicherlich aber nicht, wenn man die »erkennenden Momente« als »miterlebte immanente Deutung« versteht. Deutung als solche wird ja jedenfalls in diesen Akten nicht »erlebt«, wie ihre Struktur beweist. Aber die bloße Einführung des Deutungsbegriffs zeigt, daß Herr Hofmann Erkenntnis in einem viel zu engen Sinne versteht, um damit den Erlebnisakten gerecht zu werden.

Den umgekehrten Fehler will Herr Kraft mir nachweisen. Er meint, ich ließe bei den emotionalen Akten einfach Erkenntnis und Gegenstand »zusammenfallen«. Er übersieht, daß nicht ich, sondern Herr Hofmann von Erkenntnismomenten in diesen Akten gesprochen hat. Außerdem will mir scheinen, daß er die Transzendenz der Akte als ein Immanentwerden ihres Gegenstandes versteht. In dem Falle hätte das »Zusammenfallen-Lassen« immerhin einen Sinn. Nicht aber, wenn man den Gegenstand in seiner Subjektsunabhängigkeit bestehen läßt. An letzterer habe ich nicht gerührt.

An eine Seite des Problems, die ich mit Bedacht aus dem Spiel gelassen, hält sich Herr v. Rintelen. Emotionale Akte sind es, in denen sich uns Werte erschließen. Wenn nun emotionale Akte andererseits auch Realität erschließen, so erschließen sie also die Wertrealität. Die Prämissen stimmen, aber der Schluß ist logisch falsch. Er erinnert lebhaft an den Sophismus: »Dieser Hund ist deiner, dieser Hund ist Vater, dieser Hund ist dein Vater«. Erstens sind es andere emotionale Akte, die das Wertbewußtsein tragen, andere, die Realitätszeugnis sind. Und zweitens könnte ja auch ein und derselbe Akt zweierlei Verschiedenes erschließen. Herr v. Rintelen hat, wie mir scheint, eine zu geringe Meinung von der Mannigfaltigkeit und Strukturfülle emotionaler Akte. Für Realitätsgegebenheit muß man sich an die rezeptiven Momente in ihnen halten, für die Wertgegebenheit an die reaktiven und stellungnehmenden. Beide können wohl gelegentlich in einem Akte enthalten sein, aber sie fallen auch dann nicht zusammen. –

Gegen die Folgerung, die ich aus der emotionalen Realitätsgegebenheit für die theoretische gezogen habe, wendete sich schon ganz zu Anfang Herr Dessoir. Ihm sind darin die Herren Kraft und Siegel gefolgt. Es soll nicht stimmen, daß es sich in beiden Aktgruppen, der erlebenden und der erfassenden, um eine und dieselbe reale Welt handelt. Da möchte ich aber doch fragen, wo in aller Welt die Herren denn noch eine zweite Realität hernehmen wollen! Sie müßten schon geradezu eine zweite Welt aus dem Boden stampfen. Und was wäre selbst damit gewonnen? Was läge denn an der Gewißheit einer aus dem Boden gestampften Welt? Ich meine, darüber war doch von vornherein kein Streit, daß sich das ganze Realitätsproblem nur um die eine Welt dreht, in der wir eben leben. Nur die Gegebenheitsweisen sind verschieden – in Struktur und Gewißheit –, und nur von dieser Verschiedenheit habe ich gehandelt.

Herr Siegel verschiebt nun das Problem. Er hält mir den Kantischen Gegensatz von intelligibler und empirischer Welt entgegen und meint, die emotional-transzendenten Akte seien auf die erstere, der Erkenntnisakt auf die letztere bezogen. In der gleichen Richtung geht auch der Hinweis auf den Platonischen Unterschied von Ideenwelt und Dingwelt. Es sei nicht bestritten, daß sich intelligible Welten dieser Art annehmen lassen. Aber meines Wissens hat weder Platon noch Kant ihre »Realität« behauptet. Behauptet wurde immer nur eine andere und höhere Seinsweise. Man denke an das οντος ον [Sein des Seienden], das man doch gewiß nicht mit »Realität« wird übersetzen wollen. Demgegenüber muß ich nochmals feststellen, daß ich von keiner Realität mutmaßlich höherer Ordnung gehandelt habe, sondern ausschließlich von der der Erfahrungswelt, welche – soweit überhaupt gegeben – nicht anders als in ihrer Einzahl und Einzigkeit gegeben ist. Damit entfällt alle Unterstellung von überempirischer Realität, und der gezogene Schluß bleibt in Kraft. Auch sei daran erinnert, daß ich mich bei den emotional-transzendenten Akten nirgends auf andere Gegenstände des Erlebens bezogen habe als auf Ereignisse, Geschehnisse, Schicksale, Personen und Situationen. Alledem wird man die eindeutige Zugehörigkeit zur empirischen Welt nicht absprechen wollen.

Ernstlicher geht Herr Dessoir zu Werk, indem er sich auf den Sphärenunterschied geistiger und materieller Wirklichkeit bezieht. »Die Realität, in der es ein Schicksal gibt, kann nicht naturwissenschaftliche Wirklichkeit verbürgen.« Die beiden Sphären sind »zwar miteinander verbunden«, aber »nicht identisch«. Das letztere wird niemand bestreiten. Ich habe auch nicht gesagt, daß Schicksale dasselbe seien wie mechanische Vorgänge. Daraus folgt aber nicht, daß ihre Realität, streng als Seinsmodus verstanden, eine verschiedene wäre; und vollends nicht, daß sie in zwei verschiedenen realen Welten spielten. Vielmehr, die eine wirkliche Welt ist mannigfaltig, in ihr hat das Heterogenste nebeneinander Platz. Und es ist – glücklicherweise für unser Problem – gemeinhin derartig miteinander verwoben, daß das Dasein des einen von dem des anderen gar nicht abtrennbar ist. Im praktischen Leben ist es immer so. Das Fallen eines Steines kann einem Menschen ein Schicksal sein. Das heißt natürlich nicht, daß das Fallen nach dem Galileischen Gesetz identisch wäre mit dem frühzeitigen Tode des Menschen. Wohl aber heißt es, daß dieses gesetzliche Fallen demselben realen Gesamtvorgang angehört wie das Schicksal, das den Menschen trifft. Die Gegebenheit des letzteren also kann die des Gesamtvorganges sehr wohl verbürgen – gesetzt daß diese anderweitig bestreitbar wäre. Dagegen beweist auch die Berufung auf Tonstärke und Tonhöhe nichts; beide gehören ja demselben Tone an. Anders ist es mit dem mathematischen und architektonischen Raum, denn weder der eine noch der andere prätendiert darauf, unmittelbar realer Raum zu sein. Hier trifft das Beispiel nicht zu. Besser ist es, sich an die Gegebenheit von Personen zu halten. Ob ich einen Menschen »sehe« oder von ihm »Mißtrauen erfahre«, ist zwar etwas sehr Verschiedenes. Aber der Mensch selbst ist derselbe, wie immer er mir gegeben ist. Das Betroffensein kann also sehr wohl seine Realität verbürgen - auch für das Sehen; nicht zwar in nachträglicher Reflexion oder gar einem erst zu ziehenden Schluß, wohl aber von vornherein durch das Drinstehen des Sehenden in einer Welt, von der er jederzeit mannigfaltig betroffen ist.

Daß dem auch die pathologischen Erscheinungen keinen Eintrag tun, sollte eigentlich klar sein. Den Unterschied normaler und pathologischer Gegebenheit macht ja nicht erst der Philosoph, sondern schon ein sehr naives Realitätsbewußtsein. Auch der Idealist macht ihn, obschon gerade für ihn hier eine Schwierigkeit entsteht. Die ontologische Überlegung kann ihn auf sich beruhen lassen. Hinter alledem aber scheint mir eine Verwechslung von Realität und Realitätsgegebenheit zu stecken; und diese mag wohl weiter auf eine korrelativistische Auffassung des Verhältnisses von Akt und Gegenstand zurückgehen.[40] Meinen Ausführungen

---

[40] In seiner Rede, mit der er die Diskussion eröffnete, sagte Herr Dessoir wörtlich: „Hartmann würde sagen, die Welt ist mein transzendenter Akt". In der Drucklegung ist der Satz – wohl mit Absicht – fortgelassen worden. Ich will den Redner auch nicht darauf

dagegen liegt die Feststellung zugrunde, daß Sein – und vollends Realität – nicht in Gegenstandsein aufgeht, sondern indifferent zum Gegenstehen oder Nichtgegenstehen dasteht. Man kann das bestreiten, aber nur auf Grund idealistisch-metaphysischer Voraussetzungen. Läßt man die Voraussetzungen fallen, so können sich offenbar beliebig heterogene Gegebenheiten zwanglos auf ein und dasselbe Reale beziehen, wie inhaltsverschieden dieses sich auch in ihnen darbieten mag. Die Verschiedenheiten betreffen das Sosein allein, und um das handelt es sich hier nicht. Der Seinsmodus an ihnen aber ist derselbe. –

Nicht erwartet hatte ich den Vorwurf des Anti-Intellektualismus und Irrationalismus. Wenn man die Realitätsgewißheit emotional unterbaut, so bedeutet das doch keine Entwertung der Erkenntnis, geschweige denn eine Suspendierung kantisch-kritischer Fragestellung. Dennoch hat Herr Litt diesen Vorwurf erhoben, und andere sind ihm darin gefolgt. Dazu möchte ich nur bemerken, daß es mir fernliegt, die erkenntnistheoretische Problematik auch nur »an eine andere Stelle zu verlagern«. Sie bleibt durchaus an ihrem Kantischen Platz. Objektive Sachbestände wird in Schärfe immer nur die Erkenntnis fassen, und nur Wissenschaft wird sie her-

---

festnageln. Immerhin, der Satz ist verräterisch, gerade durch die Analogie zu Schopenhauers Satz „Die Welt ist meine Vorstellung". Die Welt nämlich kann weder meine Vorstellung noch mein Akt sein, weil sie vielmehr überhaupt nicht „mein" ist, sondern unabhängig von mir besteht. Und diese Unabhängigkeit ist ihre Realität.

ausarbeiten können. Man darf nur die große Überlegenheit der Erkenntnis nicht so verstehen, als erlaubte sie, das Erkenntnisphänomen ganz aus dem Lebenszusammenhang herauszureißen. Erkenntnis schwebt nicht in der Luft. Sie verbindet uns mit derselben Umwelt, mit der auch die Erlebnisfülle uns verbindet. Und in manchen Punkten bleibt sie abhängig von ihr. So in der Gegebenheit des Seinsmodus, des Realseins ihrer Gegenstände. Das sollte auch die kritischste Einstellung nicht verkennen. Eine Untersuchung aber, die nur diesen einen Punkt betrifft, hat es deswegen doch nicht nötig, sich zugleich auch noch für die hundertmal erwiesene und von niemand bestrittene Objektivität und inhaltliche Überlegenheit der wissenschaftlichen Erkenntnis einzusetzen.

Noch weniger war ich auf den Vorwurf des »Passivismus« gefaßt, den Herr Dessoir erhoben hat. Herr v. Rintelen hat sogar von »Pessimismus« gesprochen. Verschuldet haben das die wiederkehrenden Ausdrücke »Betroffensein, Bedrängtsein, Gezwungensein« und einige ähnliche. In diesem Punkte nun haben mich bereits Herr Heimsoeth, Herr van der Vaart Smit und besonders eindrucksvoll Herr Huber verteidigt. Ich habe nur eines hinzuzufügen. Als vor sechs Jahren meine »Ethik«[41] erschien, machte man mir allerseits den Vorwurf des Aktivismus. Es steht dort aber kein Satz, der sich nicht mit dem heute Gebrachten vertrüge. Der Unterschied liegt

---

[41] [Nicolai Hartmann: Ethik, Berlin/Leipzig 1926; 3. Auflage: Berlin 1949.]

nur im behandelten Gegenstande. Man läßt sich einfach von der Begrenztheit des jeweiligen Phänomenausschnittes blenden: spreche ich von spontanen Akten, weil das Thema es vorschreibt, so heiße ich Aktivist; analysiere ich rezeptive Akte, weil das Problem es erfordert, so heiße ich Passivist. Wer das so hört, ohne die Zusammenhänge zu kennen, muß doch den Eindruck des leichtfertigsten Opportunismus gewinnen. Einen solchen nun hat mir Herr Dessoir gewiß nicht nachsagen wollen. Die Moral von der Geschichte ist: man lasse der natürlichen Begrenzung der Problemgebiete ihr Recht und hüte sich vor Verallgemeinerungen. Ein jeder von uns möchte doch bei scharf umrissener jeweiliger Untersuchungsbahn davor sicher sein, daß ihm die Umrissenheit als solche, die er sich als Beschränkung auferlegen muß, als weltanschauliche Befangenheit ausgelegt werde.

Noch gegen eines muß ich mich hier verwahren. Herr Utitz zeigte an der Parallele der Kunst, wie es die Bewegung zum Realismus auch außerhalb der Philosophie gibt. Dieser Hinweis ist von Wert für das Verständnis einer breiteren geschichtlichen Strömung. Je mehr solcher Parallelen man zusammenstellt, um so eindeutiger dürfte sich das Gesamtbild herausstellen. Ich würde es aber für irreführend ansehen, das Realitätsproblem selbst als bloßen Exponenten einer Zeitströmung anzusehen. Es ist ein sehr altes Grundproblem der Philosophie, das sich periodenweise immer wieder in den Vordergrund drängt. Und streng genommen muß ja alle und jede Philosophie es mit ihm aufnehmen. Aus diesem Grunde meine ich, daß es sich hier überhaupt nicht um eine weltanschauliche oder sonst eine geschichtlich ephemere Bewegung handelt, sondern um eine jederzeit bestehende Aufgabe, vor die als solche nicht die Kunst - auch nicht das Ethos, die positive Wissenschaft oder die Religion -, sondern einzig die Philosophie gestellt ist. Erst das gibt dem Problem sein Gewicht. Aus dieser Auffassung ist die Untersuchung hervorgewachsen, die ich vorgelegt habe. Nicht einer »Bewegung« wollte sie dienen, sondern einem zeitlosen Erfordernis. Das konjunkturbeflissene Laufen mit jeweiliger Vorzugs- und Modeströmung – von der man wissen kann, daß sie in einem Jahrzehnt oder zweien erledigt sein wird –, liegt echter Denkarbeit jederzeit fern.

Zum Schluß eine allgemeine Bemerkung. Es gibt heute nicht wenige, die von Sein, Realität, Ontologie sprechen. Nicht alle, die es tun, stehen wirklich im Seins und Realitätsproblem. Daß auch nicht alles, was sich kritisch nennt, kritisch ist, hat Herr Springmeyer einleuchtend gezeigt. Das liegt nicht nur an der Mitläuferschaft mit der Zeitströmung, die es natürlich unter uns wie zu jeder Zeit gibt; es liegt auch an der Dehnbarkeit der Begriffe sowie an der Schwierigkeit, bis auf die Grundphänomene vorzustoßen. Im Realitätsproblem vorwärtskommen, ohne sich an den primären Gegebenheiten des Realen zu orientieren, halte ich für ein Ding der Unmöglichkeit. Die Orientierungsarbeit aber steht in der Hauptsache noch aus. Wie unerprobt ihre Wege sind, beweisen schlagend die Verhandlungen dieser Tagung. Das Unterfangen, die menschliche, geistige und geschichtliche Realität in eine Linie mit der Dingrealität zu bringen, ist auf Widerstand gestoßen, obgleich niemand von uns es im eigenen Leben anders kennt. Was uns fehlt, ist immer noch die Lebensnähe, die eigene Verwurzelung in der Fülle des Realen selbst. Zu lange hat das Denken sich eingebildet, fliegen zu können. Es genügt heute nicht, zurück zu den Phänomenen zu gehen, wie Husserl es forderte. Zurück an die Erde müssen wir, zurück ins Leben. Freilich, nicht eine neue »Lebensphilosophie« brauchen wir, sie wäre doch wieder nur ein Philosophieren »über« das Leben. Was wir brauchen, ist eine Philosophie, die »aus« dem Leben kommt – statt aus der Studierstube – und seine Fülle noch an sich hat. Sie, und nicht ein standpunktlich zurechtgemachter Realismus, wäre die rechte Realphilosophie.

Herr Liebert hat an das Wort Platons erinnert, der Philosoph müsse sterben lernen, um in Wahrheit philosophieren zu können. So entsprach es weltflüchtiger Sehnsucht nach dem überhimmlischen Ort. Das Umgekehrte verlangt von uns das neue Ethos der Philosophie: leben lernen muß der Philosoph, um in Wahrheit philosophieren zu können.

Nicolai Hartmann – Leben und Werk

(Zeittafel)

1882	Nicolai Hartmann wird am 7. Februar im seinerzeit russischen Riga (Lettland) als Sohn des Ingenieurs Carl A. Hartmann (1849-1890) und dessen Ehefrau Helene, geb. Hackmann (1854-1939) geboren
1897–1901	Besuch des Gymnasiums der deutschen Katharinenschule in St. Petersburg
1901	Abitur, anschließend Hauslehrer in Litauen
1902–1903	Studium der Medizin in Dorpat (Estland)
1903–1905	Studium der klassischen Philologie und Philosophie in St. Petersburg
1905	Fortsetzung des Studiums in Marburg bei den Neukantianern Hermann Cohen und Paul Natorp. Beginn der Freundschaft mit Heinz Heimsoeth (1886-1975)
1907	31. Juli: Promotion mit einer Arbeit *Über das Seinsproblem in der griechischen Philosophie vor Plato* (Dissertation, Marburg 1908)
1909	*Platos Logik des Seins* sowie die Habilitationsschrift *Des Proklus Diadochus philosophische Anfangsgründe der Mathematik*
1910–1918	Stipendium
1911	Heirat mit Alice Stepanitz
1912	Geburt der Tochter Dagmar
1914–1918	Kriegsdienst als Dolmetscher, Briefzensor und Nachrichtenoffizier

1919	Privatdozent an der Universität Marburg. Bekanntschaft mit Martin Heidegger
1920	Ernennung zum außerordentlichen Professor an der Universität Marburg
1921	*Grundzüge einer Metaphysik der Erkenntnis*
1922–1925	Ordentlicher Professor an der Universität Marburg (als Nachfolger auf dem Lehrstuhl von Paul Natorp)
1923	*Die Philosophie des deutschen Idealismus. I: Fichte, Schelling und die Romantik*
1925–1931	Ordentlicher Professor an der Universität Köln. Kontakt mit Max Scheler
1926	*Ethik*
1929	Heirat mit Frida Rosenfeld (1902-1988). *Die Philosophie der deutschen Idealismus. II: Hegel*
1930	Geburt des Sohnes Olaf
1931–1945	Professor für Theoretische Philosophie in Berlin. Entstehung der ontologischen Hauptwerke
1932	Geburt der Tochter Lise
1933	*Das Problem des geistigen Seins*
1935	*Zur Grundlegung der Ontologie*
1938	*Möglichkeit und Wirklichkeit*
1940	*Der Aufbau der realen Welt*
1942	*Neue Wege der Ontologie*
1945-1950	Ordentlicher Professor an der Georg-August-Universität in Göttingen
1949	*Einführung in die Philosophie* (Nachschrift einer Vorlesung im Sommersemester 1949 an der Universität Göttingen)
1950	Hartmann stirbt am 9. Oktober an den Folgen eines Schlaganfalls. *Philosophie der Natur*
1951	*Teleologisches Denken*
1953	*Ästhetik*

Reihe »Intentio Recta«

Band 1

Nicolai Hartmann: Neue Wege der Ontologie, hg. von Thomas Rolf (Verlag: BoD - Books on Demand, 2024, 166 Seiten, 15 Euro, ISBN: 9-783-7597-1205-9)

Band 2

Nicolai Hartmann: Einführung in die Philosophie, hg. von Thomas Rolf (Verlag: BoD - Books on Demand, 2024, 277 Seiten, 20 Euro, ISBN: 978-3-759-76728-8)

Band 3

Nicolai Hartmann: Die Erkenntnis im Lichte der Ontologie, hg. von Thomas Rolf (Verlag: BoD - Books on Demand, 2024, 130 Seiten, 15 Euro, ISBN: 978-3-759-77866-6)

Band 4

Nicolai Hartmann: Philosophische Grundfragen der Biologie, hg. von Thomas Rolf (Verlag: BoD - Books on Demand, 2025, 224 Seiten, 19 Euro, ISBN: 978-3-819-20945-1)

Band 5

Nicolai Hartmann: Zum Problem der Realitätsgegebenheit, hg. von Thomas Rolf (Verlag: BoD - Books on Demand, 2025, 176 Seiten, 19 Euro, ISBN: 978-3-819-20903-1)

Informationen zum Herausgeber:
www.thomas-rolf.de